danzig & unfried

I0025223

Melina Tsiamos

E-Book-Piraterie im deutsch- und englischsprachigen Raum

danzig & unfried

© 2014 danzig & unfried, Wien
Gesamtherstellung: danzig & unfried, Wien
Druck: Libri, Norderstedt
ISBN 978-3-902752-07-9

Inhalt

Einleitung / 7
1.   Der E-Book-Markt / 10
1.1   Das E-Book in den USA / 10
1.2   Das E-Book in Österreich / 11
1.3   Das E-Book in Deutschland / 13
1.4   Das E-Book in weiteren Ländern / 14
2.   Aktuelle Entwicklungen / 17
2.1   Hardware:
      E-Ink-Reader versus Tablets und Smartphones / 17
2.2   Enhanced/Enriched E-Books
      und Augmented Books / 20
2.3   Applications / 22
2.4   Zerfall der traditionellen Wertschöpfungskette / 22
3.   Piraterie begünstigende Faktoren / 25
3.1   Verfügbarkeit von deutschsprachigen E-Books / 25
3.1.1   Amazon / 27
3.1.2   Libreka! / 29
3.2   Pricing von E-Books / 34
3.3   Digital Rights Management / 39
3.3.1   Exkurs: DRM in der Musikindustrie / 41
3.3.2   DRM bei E-Books / 43
3.4   Pricing und DRM als
      Verkaufsverhinderungsstrategien / 46
3.5   E-Book-Formate / 49
3.5.1   EPUB / 51
3.5.2   Mobipocket / 52
3.5.3   PDF / 52
3.6   Weitere Ursachen für Piraterie / 53

4.   Urheberrecht / 56
4.1   Urheberrecht im deutschsprachigen Raum / 56
4.2   Copyright im angloamerikanischen Raum / 59
4.3   Google Book Search / 65
4.3.1   Rechtliche Konsequenzen / 69
4.4   Aktuelle Entwicklungen / 71
4.4.1   In den USA: SOPA/PIPA / 71
4.4.2   In Europa: ACTA / 76
4.5   Interessenskonflikte / 78
5.   Piraterie / 82
5.1   Grundlagen, Begriffe und Formen der Piraterie / 82
5.2   Entwicklung der Online-Piraterie / 86
5.3   Ausmaß und Schaden / 89
5.4   E-Book-Piraterie / 92
5.4.1   Nachfrage nach E-Book-Raubkopien / 93
5.4.1.1 Nachfrage im deutschsprachigen Raum / 93
5.4.1.2 Nachfrage weltweit / 96
5.4.2   Struktur der illegalen Angebote / 98
5.4.3   Beispiele für illegale Anbieter / 100
5.4.4   Die Rolle der neuen
        Digitalisierungstechnologien / 101
5.4.5   Auswirkungen auf die Buchindustrie / 104
5.4.6   Maßnahmen der Buchindustrie / 109
6.   Zusammenfassung und Ausblick / 114
Anmerkungen / 120
Literaturverzeichnis / 137
Abbildungsverzeichnis / 150
Die Autorin / 152

Einleitung

Noch vor wenigen Jahren, als E-Books erst im Begriff waren, den Markt zu revolutionieren, ist heftig diskutiert worden, wie es um den Fortbestand des gedruckten Buches bestellt ist. Ob es so weit kommen wird, dass das E-Book das gedruckte Buch verdrängen wird, oder eben nicht. Die Zukunft des Buches, aber genauso gut des Buchmarkts, war in aller Munde und es wurden teils abenteuerliche Prognosen angestellt, wann das Buch denn nun tatsächlich überflüssig werden würde. Dem gebundenen Buch wurde also durchwegs eine düstere Zukunft prophezeit. Die Zukunft, sagte man, wären die E-Books und es kann keinen Zweifel daran geben, dass sie in absehbarer Zeit das konventionelle Buch ablösen würden.

Mittlerweile hat sich der Diskurs über E-Books gravierend verändert. Man hat sich von dem Gedanken verabschiedet, dass sich das elektronische Buch auf Kosten des gebundenen Buches durchsetzen wird. Das gedruckte Buch wird zwar in einer sich rapide verändernden Kultur wie der unseren möglicherweise seine Leitfunktion einbüßen, dennoch besteht momentan wenig Aussicht darauf, dass es dem E-Book gelingen wird, das gebundene Buch aus unseren (Kauf- und Lese-) Gewohnheiten vollständig zu verdrängen. In der Vergangenheit hat sich schon gezeigt, dass ein neues Medium ein altes in der Regel nicht vollständig verdrängt. Vielmehr bleiben die alten und neuen Praktiken und Gewohnheiten nebeneinander bestehen und wir erweitern lediglich das Spektrum unserer Möglichkeiten. Die digitale Revolution zwingt uns zwar immer noch zu einer radikalen Neureflexion, das E-Book wird das gedruckte Buch allerdings sicherlich nicht beseitigen.[1] Beim

Weltwirtschaftsforum in Davos 2008 schätzte ein Futurologe das Verschwinden des Buches als eines der Ereignisse ein, das in den kommenden fünfzehn Jahren die Menschheit erschüttern werde. Trotz aller Schwarzmalerei und Hysterie sehen wir uns aber mittlerweile nicht mehr der akuten Gefahr ausgesetzt, den endgültigen Untergang des Buches mitzuerleben, denn, wie Umberto Eco treffend formulierte:[2]

> Das Buch ist wie der Löffel, der Hammer, das Rad oder die Schere: Sind diese Dinge erst einmal erfunden, lässt sich Besseres nicht mehr machen. [...] Das Buch hat sich vielfach bewährt, und es ist nicht abzusehen, wie man zum selben Zweck etwas Besseres schaffen könnte als eben das Buch.[3]

Die Fragen, die Verleger, Buchhändler, Literaturwissenschaftler und andere gegenwärtig beschäftigen, sind nicht mehr ›Wie können wir in einer Welt bestehen, die zunehmend das Interesse am gedruckten Buch verliert?‹, sondern vielmehr ›Wie können wir unser Angebot auf die veränderten Gegebenheiten anpassen?‹. Man diskutiert in der Branche nicht mehr, ob man grundsätzlich am E-Book-Markt mitmischen sollte und ob es sich beim E-Book um ein Phänomen handelt, das sich durchsetzen wird. Diese Frage ist mittlerweile redundant geworden. Man lotet vielmehr aus, auf welche Art und Weise man es als Akteur am Buchmarkt am besten anstellt, denn das elektronische Buch ist gekommen, um zu bleiben. Es hat eine breite Anhängerschaft gefunden, die immer mehr Content nachfragt. Es wird in Zukunft sicherlich das Marktsegment sein, das sich am meisten ausbauen lässt. Die drängendste Frage ist nicht mehr »Soll man?«, sondern »*Wie* soll man?«, denn die Buchbranche sieht sich mit Blick auf das E-Book mit drängenden Problemen konfrontiert, die es in Zukunft noch zu lösen gilt. Nicht nur Fragestellungen zur Herstellung und zum Vertrieb von elektronischen Büchern beschäftigen die Buchindustrie und stellen noch eine ernst zu nehmende Hürde dar, sondern außerdem die Frage, wie man geistiges Eigentum im Internet schützen kann. Ein wichtiger Grund für die Skepsis, die man den E-Books entgegenbringt, sind die Auswirkungen, die Digitalisierung auf die Musik- und Filmindustrie hatte. Digitale Güter im Internet bringen zwangsläufig auch das Problem von Raubkopien mit sich. Mit einer Piraterie in so großem Stil, wie es nach dem Aufkommen der MP3s passiert ist, ist zwar aufgrund der konkreten Eigenheiten des Produktes Buch nicht zu rechnen, trotzdem handelt es sich hierbei um ein Thema, das nicht vernachlässigt werden darf.

Die vorliegende Arbeit beschäftigt sich also mit den Herausforderungen, mit denen sich die Buchbranche gegenwärtig konfrontiert sieht. Sie soll die wichtigsten Ursachen aufzeigen, die die Produktpiraterie begünstigen. Sie zeigt weiters den Status quo der Piraterie-Aktivitäten und wo im Internet welche Literatur auf welchen Wegen illegal verbreitet wird. Einen Einstieg in die Thematik stellt das erste Kapitel dar, das die aktuellsten Entwicklungen rund um das E-Book zusammenfasst. Ein kurzer Abschnitt über seine wachsende Bedeutung und Entwicklung auf den internationalen Buchmärkten sowie die Betrachtung von aktuellen Trends und technischen Innovationen soll darüber informieren, was sich seit Aufkommen der E-Books in der Buchbranche getan hat. Ergänzt wird dieser Überblick durch einen Hinweis darauf, wie das E-Book die Wertschöpfungskette der Buchindustrie modifizieren kann.

1. Der E-Book-Markt

Um die gegenwärtige Bedeutung des Produkts E-Book für die Buchbranche darzustellen und um abschätzen zu können, wie groß die Nachfrage der Leser nach Raubkopien sein könnte, ist es notwendig, die Entwicklung auf den internationalen Märkten zu betrachten. Das folgende Kapitel analysiert daher, welche Rolle das E-Book mittlerweile in den Märkten der USA, Österreichs, Deutschlands und des Rests der Welt spielt.

1.1 Das E-Book in den USA

Das große weltweite Vorbild für den Verkauf von E-Books sind die USA. Nirgendwo anders entwickelt sich der E-Book-Markt so dynamisch. Der Umsatz mit elektronischen Büchern erreichte im Februar 2011 in den USA bereits fast eine Milliarde Dollar (genau: 90,3 Millionen Dollar[4]). Laut Angaben der Association of American Publishers (AAP) bedeutet das eine Steigerung zum Vorjahr von mehr als 200 Prozent.[5] Im Publikumsbereich könnte der Marktanteil von E-Books bald auf bis zu 20 Prozent wachsen.[6] Inzwischen setzt der Online-Buchhändler Amazon in den USA erstaunlicherweise schon mehr E-Books als Hardcover-Bücher ab. Seit Anfang 2011 sei dies nun auch in Relation zu Paperbacks der Fall. Auf 100 verkaufte Paperback-Ausgaben eines Titels kommen im Schnitt 115 Kindle-E-Books.[7] Auch was den Absatz von E-Readern angeht, sind die USA dem Rest der Welt um Meilen voraus. Laut eines Berichts des amerikanischen Pew Research Center hat sich in der ersten Hälfte des Jahres 2011 der Absatz von E-Readern in nur sechs Monaten bis Mai verdoppelt. Mittlerweile besitzen ganze zwölf Prozent der Amerikaner ein E-Book-Lesegerät. Dieser Gerätetyp liegt somit noch vor den Tablet-Computern, die eine Verbreitung von acht Prozent aufweisen[8] und von denen man annimmt, dass sie dem Markt noch zusätzliche signifikante Impulse bescheren werden.[9]

1.2 Das E-Book in Österreich

Dass Österreich (noch) kein Land der E-Books ist, ist hinlänglich bekannt. Die Verkaufsanteile waren in den Anfangsjahren des elektronischen Buches hierzulande verschwindend gering und das hat sich bis jetzt noch nicht geändert.[10] Von Marktanteilen wie in den USA kann noch nicht einmal ansatzweise die Rede sein. Der Umsatz beläuft sich noch auf so verschwindend geringe Summen, dass Zahlen zur Umsatzentwicklung nicht zur Verfügung stehen. Man kann vorerst also nur die Produktion und das Kundeninteresse in Österreich betrachten.

Während in den USA die E-Book-Umsätze Zuwachsrekorde verzeichnen, kämpft das E-Book im deutschsprachigen Raum noch immer um Akzeptanz und Beachtung bei den Lesern. Einen Hinweis auf das Kundeninteresse und die Nachfrage nach elektronischen Büchern in Österreich gibt Google Insights for Search, ein Analyse-Tool des Google-Konzerns, mit dessen Hilfe die Häufigkeit von Suchanfragen zu bestimmten Begriffen über Zeit und Region analysiert werden können. Eine Auswertung von Suchanfragen des Fachmagazins für die österreichische Buchbranche *Anzeiger* ergab, dass in Österreich lediglich im Zeitraum der Frankfurter Buchmesse und der BuchWien 2010 ein nennenswertes Interesse an der Thematik erfasst werden konnte.[11]

Eine Umfrage des Hauptverbands des Österreichischen Buchhandels (HVB), durchgeführt im Juli und August 2011, bietet erstmals aussagekräftiges Zahlenmaterial zur Produktion elektronischer Bücher in Österreich. Über 200 österreichische Verleger wurden dafür befragt. Die Umfrage ergab, dass im Jahr 2011 nur knapp 17 Prozent der Verlage bereits E-Books vertrieben. Jene Verlage, die bereits im E-Book-Geschäft involviert sind, geben an, zwischen 10 und 20 Prozent ihrer Novitäten neben dem Printprodukt auch als E-Book zu veröffentlichen. An Backlist-Titeln werden nur rund ein Prozent auch als E-Books angeboten. Im Durchschnitt haben die Verlage zehn E-Book-Titel im Programm. Was den Vertrieb angeht, wird als wichtigster Kanal die eigene Verlagswebsite angeführt, gefolgt vom Online-Buchhandel und der E-Book-Plattform *libreka!*. Nur rund 33 Prozent der Verlage haben zum Zeitpunkt der Umfrage bereits Investitionen für die Herstellung von E-Books getätigt, während 50 Prozent planen, dies in den nächsten zwei Jahren jedenfalls zu tun. Etwa 16 Prozent der Verlage haben auch in Zukunft nicht vor, Investitionen für E-Books zu tätigen. Die Investitionen seien vor allem im Bereich Herstellung, aber auch bei Personal und IT notwendig. Die Gründe, warum sich viele österreichische Verlage zögerlich verhalten, sind vor allem befürchtete Umsatzverluste bei gedruckten Büchern und die zunehmende Konzentration der Verkäufe bei Online-Händlern. Österreichische Verlage sind sich außerdem des Raubkopien-Problems bewusst, die Hälfte der befragten Verleger antizipiert Umsatzverluste durch Piraterie. Durch die signifikanten Investitionskosten, die es benötigt, um das E-Book-Segment auszubauen, fürchten rund 38 Prozent der Verlage das Entstehen zusätzlicher Kosten bei gleichbleibenden Umsätzen. Als größte Chance für die Verlage werden die Erschließung neuer Kundenschichten sowie die Erweiterung des Vertriebsnetzes angesehen.[12] Was die E-Book-Formate angeht, kommen in den Verlagen, die bereits E-Books produziert haben, vor allem PDF, EPUB und Mobipocket zum Einsatz. Die Frage, ob sich eines dieser Formate in der Zukunft durchsetzen wird, kann zu diesem Zeitpunkt noch nicht beantwortet werden, wobei knapp 30 Prozent der Verlage schätzen, dass weiterhin eine Vielzahl verschiedener Formate parallel existieren wird. Falls sich ein Leitformat herauskristallisieren sollte, räumen die Verleger dem PDF die besten Chancen ein.[13] Um sich vor unautorisierter Verbreitung zu schützen, wenden 75 Prozent der Verlage technische Schutzmaßnahmen an. Der Großteil setzt dabei auf weichen Kopierschutz mittels Wasserzeichen, aber 35 Prozent verwenden harten Kopierschutz durch Digital Rights Management (DRM)[14]. Der durch E-Books erzielte Umsatz blieb noch sehr gering. Knappe 45 Prozent der Verlage erreichten einen Umsatzanteil von lediglich unter einem Prozent. Knapp über 22 Prozent der Verlage erzielten einen Umsatzanteil von eins bis fünf Prozent, weitere 22 Prozent einen Anteil von über fünf Prozent.[15]

1.3 Das E-Book in Deutschland

In Deutschland stellt sich die Situation ähnlich dar wie in Österreich, denn auch dort steckt der Markt noch in den Kinderschuhen. Eine Studie des Börsenvereins des Deutschen Buchhandels vom März 2011 weist auf ein interessantes Phänomen im deutschsprachigen E-Book-Markt hin, nämlich dass es ein deutliches Gefälle im Engagement für E-Books zwischen Verlagen, dem Buchhandel und den Lesern gibt. Die Leser verhalten sich noch äußerst zurückhaltend. Im Jahr 2010 betrug der Umsatz mit E-Books in Deutschland 21,2 Millionen Euro, das entspricht nur 0,5 Prozent des Gesamtumsatzes. Lediglich zwei Prozent der deutschen Leser gaben an, weitgehend durch E-Books ihr Lesebedürfnis zu stillen. Bei den deutschen Verlagen ist ein progressiverer Trend zu beobachten. Sie äußerten ihre Absicht, ihr Angebot in der Zukunft vergrößern zu wollen und forcieren das digitale Geschäft.[16] Während 2010 nur 35 Prozent der deutschen Verlage E-Books in ihrem Verlagsprogramm hatten, wollen beachtliche 85 Prozent noch im Jahr 2011 ins E-Book-Geschäft einsteigen. Der Anteil von E-Books am Programm war wenig überraschend bei den kleinen Verlagen (unter zehn Mitarbeitern) um 41 Prozent geringer. Der Buchhandel verhält sich indessen noch sehr zurückhaltend. Zwei Drittel des Sortimentsbuchhandels bieten weder E-Books noch E-Reader an. Neun Prozent verkauften zwar E-Books, aber keine entsprechenden Reader, während 19 Prozent sowohl E-Books als auch Reader im Angebot haben.[17] Für die Zukunft wird optimistisch prognostiziert, dass sich der Markt in relevanter Weise zu entwickeln beginnen wird. Konservative Schätzungen gehen davon aus, dass bereits 2013 ein Marktvolumen von gut 300 Millionen Euro aus dem Verkauf von E-Books erreicht werden kann.[18]

1.4 Das E-Book in weiteren Ländern

Der umwerfende kommerzielle Erfolg von E-Books in den USA lässt sich auch im restlichen Europa und in anderen Teilen der Welt noch nicht erreichen. Selbst in den umsatzstärksten europäischen Buchmärkten sind E-Books bisher nichts weiter als eine Marginalie. Aber selbst in traditionell technikaffinen Ländern wie Japan oder Südkorea kommt das Geschäft mit den elektronischen Büchern einfach nicht in Gang.[19] In Japan etwa versuchten Firmen wie Sony bereits sehr früh, E-Ink-Geräte auf dem heimischen Markt zu etablieren. Aufgrund der schlechten Verkaufszahlen mussten diese aber zum Teil wieder vom Markt genommen werden, weil sie von den Konsumenten nicht angenommen wurden.[20] Woran liegt es nun, dass die Marktentwicklung im digitalen Segment im Rest der Welt gegenüber den USA so stark hinterherhinkt? Und vor allem: Was würde es benötigen, um eine ähnliche Dynamik wie in den Vereinigten Staaten anzustoßen? Die Rahmenbedingungen sind schließlich sehr ähnlich. Die Kaufkraft der Verbraucher als auch die technische Entwicklung und die alltägliche Nutzung des Internets für Arbeit und Freizeit weisen zumindest keine nennenswerten Unterschiede auf und können als Gründe weitgehend ausgeschlossen werden.[21]

Ein Hauptgrund für die raschere Verbreitung von E-Books und die dynamischere Entwicklung des E-Book-Markts in den USA ist einerseits offensichtlich die Sprache. Im Englischen gibt es so viele Publikationen wie in keiner anderen Sprache der Welt, und keine Sprache wird außerhalb ihres Gebiets so weitflächig verstanden. Dieser Weltsprachencharakter macht es um einiges leichter, schneller die notwendige Menge an Angebot als auch Nachfrage zu erreichen.[22] Ein weiteres wesentliches Hemmnis für den europäischen E-Book-Markt ist die unterschiedliche Behandlung von E-Books und gedruckten Büchern, was Mehrwertsteuer und Preisbindung angeht.[23] Über diese Problematik wird in Kapitel 3.2 noch ausführlicher die Rede sein.

Innerhalb Europas ist der britische E-Book-Markt der größte, zudem entwickelt er sich am schnellsten. Rund 65 Prozent aller europäischen E-Books werden in Großbritannien abgesetzt. Gegenüber 2009 wurde 2010 eine Umsatzsteigerung von 318 Prozent bei digitalen Produkten erreicht. Der Umsatz mit E-Books erreichte 2010 rund 205 Millionen Euro, und der Anteil von E-Books am Buchmarkt beträgt sechs Prozent. Die Anzahl der Titel, die als E-Book im Vereinigten Königreich verfügbar sind, beläuft sich auf rund 500.000, es wurden 2010 etwa 2,6 Millionen E-Reader verkauft. Generell hinkt der britische Markt dem amerikanischen etwa zwei Jahre hinterher. Dieser Abstand verkürzt sich durch die massiven Steigerungen der E-Book-Verkäufe unterstützt durch die Flut an Tablets und Smartphones, die dezidierte Lesegeräte substituieren.[24] Der Markt im restlichen Europa ist teilweise noch nahezu unentwickelt. Die folgende Tabelle gibt eine Übersicht über die Situation in den wichtigsten europäischen Buchmärkten:

	Großbritannien	Frankreich	Spanien	Italien
Umsatz mit E-Books 2010 (in Millionen Euro)	205	54	51	30
Anteil am Buchmarkt (in Prozent)	6	1,8	1,6	0,2
Anzahl der als E-Book verfügbaren Titel (in Landessprache)	500.000	50.000	1.000	7.000
Verkaufte E-Reader (2010)	1,6 Mio	600.000	250.000	470.000

Abbildung 1:
Der E-Book-Markt europäischer Länder im Vergleich[25]

2. Aktuelle Entwicklungen

Das E-Book gibt es seit Mitte der 1990er Jahre.[26] Seither haben sich neue Trends und Erscheinungsformen des elektronischen Buches manifestiert, und vor allem technisch entwickelt es sich ständig weiter. Heute können E-Books grob in drei Gruppen unterteilt werden. Mittlerweile kann man erstens von *Classic E-Books* sprechen (›klassische‹ E-Books ohne Zusatzfunktionen), zweitens gibt es sogenannte *Enhanced* oder *Enriched E-Books* und *Augmented Books* und drittens *Applications (Apps)*.[27] Besonders die *Enhanced E-Books* als auch die *Apps*, die im Zuge der Markteinführung des iPhone von Apple entstanden sind, bieten Verlagen und Lesern vollkommen neue Möglichkeiten.[28]

2.1 Hardware: E-Ink-Reader versus Tablets und Smartphones

Die herkömmlichen E-Ink-Reader wie der Amazon Kindle und vergleichbare Produkte von anderen Herstellern geraten durch die Markteinführung von multimedialen Allround-Geräten wie dem iPad von Apple zunehmend unter Zugzwang. Da die Darstellungsmöglichkeiten auf E-Ink-Readern immer noch als unbefriedigend gelten stellen die neuen Tablets eine attraktive Alternative dar. Ihre Vorteile sind die einfache Bedienbarkeit, ihre hervorragende Grafikdarstellung und eine nahtlose Internetanbindung. Ihre Nachteile liegen allerdings in der kürzeren Akkulaufzeit, schlechterer Lesbarkeit bei Tageslicht und bedingt durch die größere Nutzungsvielfalt im deutlich höheren Preisniveau.[29]

Die erste Generation der E-Reader kam in den 1990er Jahren auf den Markt. Sie konnte sich aber aufgrund mangelhafter Technologie und fehlender Möglichkeiten, genügend Inhalte zu beziehen, nicht durchsetzen. Erst die Einführung des ersten Kindle im November 2007 brachte den Verkauf in Gang und nennenswerte Zahlen (zumindest in den USA) in Umlauf. Außerdem hatte der umwerfende kommerzielle Erfolg des Kindle zur Folge, dass mehrere Anbieter ihre eigene Version eines E-Book-Lesegeräts auf den Markt brachten, in der Hoffnung auf den sogenannten Kindle-Effekt.[30] Die Entwicklung der E-Ink-Technologie und ein geändertes Mediennutzungsverhalten der Konsumenten brachte schließlich auch im deutschsprachigen Raum das Geschäft ins Rollen.[31] Mittlerweile ist eine Vielzahl von E-Readern von unterschiedlichen Anbietern erhältlich. Vor allem seit 2011 jagt ein E-Reader den nächsten, und der Markt wird langsam, aber sicher auch im deutschsprachigen Raum unübersichtlich.[32] Die E-Reader unterscheiden sich hinsichtlich Ausstattung, Preis und lesbaren E-Book-Formaten teilweise beträchtlich.[33] Vor allem ihr stattlicher Preis war bisher für viele Konsumenten noch ein Kaufhemmnis, doch die Produkte werden immer billiger. Bezüglich der Ausstattung geht der Trend in Richtung Touchscreen, Wireless und Bluetooth.[34]

Ausgelöst durch den Erfolg des iPad von Apple wuchs im dritten Quartal 2010 der globale Tablet-Markt um rund 45 Prozent. Auch die E-Reader-Verkäufe zeigten auf globaler Ebene ein solides Wachstum, nämlich eine 40-prozentige Steigerung vom zweiten auf das dritte Quartal 2010. Zu berücksichtigen ist, dass der US-Markt 75 Prozent des globalen E-Reader-Marktes darstellt. Durch die dynamische Entwicklung in diesem Bereich und das Aufkommen neuer Tablets von anderen Herstellern wurden für 2011 stark wachsende

Verkaufszahlen prognostiziert. Auch für den E-Reader-Markt wurden für 2011 14,7 Millionen verkaufte Einheiten und für 2012 16,6 Millionen verkaufte Einheiten geschätzt. Für den österreichischen E-Reader-Markt gibt es bisher noch keine gesicherten Absatzzahlen. Aus dem globalen Erfolg kann man allerdings folgern, dass es auch in Österreich ein signifikantes Wachstum geben wird. Vor allem Apples iPad und seit kurzem auch das Samsung Galaxy Tab haben sich bei den Tablets etabliert. Durch die steigende Verfügbarkeit von deutschsprachigen Inhalten können auch Amazons E-Reader zu einer Wachstumsgröße auf dem österreichischen Markt werden.[35]

Neben E-Ink-Readern und Tablets gibt es grundsätzlich auch die Möglichkeit, E-Books auf dem Smartphone zu lesen. Da die Displays der Smartphones immer größer und leistungsfähiger werden, gab es auch Impulse in Richtung E-Books für das Smartphone.[36] Das deutsche Start-up-Unternehmen Textunes etwa erkannte früh das Potenzial von E-Books für mobile Endgeräte. Zur Frankfurter Buchmesse 2008 wurde erstmals eine Neuerscheinung für iPhone und iPod veröffentlicht. Seither bestehen Kooperationen mit europäischen Verlagshäusern, und Textunes etablierte sich mit seinem Angebot als ein führender Anbieter auf dem deutschen E-Book-Markt.[37]

Ein Massenphänomen ist die Lektüre von E-Books auf dem Smartphone dennoch nicht. Als zu klein werden die Displays empfunden, um vernünftig darauf lesen zu können. In dieser Hinsicht unterscheidet sich allerdings der Geschmack der Japaner von dem des Rests der Welt. Der Sony E-Reader ist in dem technikaffinen Land überraschenderweise gefloppt, dafür ist mit *Keitai shosetsu* ein neues literarisches Genre entstanden: der Handy-Roman. Dabei handelt es sich um Romane, die für die Lektüre am Mobiltelefon vorgesehen sind und in Japan großen Erfolg haben. Diese Art von Literatur wird nicht nur auf dem Handy gelesen, sondern sogar auf ihm geschrieben.[38] Durch die geringe Größe der Displays sind diese Romane gewissen Einschränkungen unterworfen, die Romane bestehen vor allem aus Dialogen, kurzen Sätzen, Abkürzungen und Emoticons.[39]

2.2 Enhanced/Enriched E-Books und Augmented Books

Die neuen Lesegeräte machen mit ihren erweiterten Funktionen immer innovativere Ansätze in der Gestaltung von E-Books möglich. Bei *Enhanced E-Books* oder *Enriched E-Books* handelt es sich um E-Books, die durch Zusatzfeatures wie Audio, Video oder interaktive Komponenten angereichert werden. Dass auch Lektürepraktiken im digitalen Zeitalter einem Wandel unterworfen sind, zeigt das Phänomen Social Reading. Social Networks wie Facebook oder Twitter haben den öffentlichen Austausch von persönlichen Vorlieben und Aktivitäten salonfähig gemacht. Aus diesem Grund werden buchaffine Web-Communities und deren Einbindung in den Publikations- und Leseprozess in Zukunft massiv an Bedeutung gewinnen. Die interaktive Komponente und der direkte Austausch mit anderen Lesern und den Autoren gewinnen zunehmend an Bedeutung.[40] Ein Austausch kann beispielsweise über Funktionen erfolgen, die Buchpassagen als Highlights hervorheben, kommentieren und in soziale Netzwerke exportieren. Für Verlage sind solche Praktiken insofern interessant, als sie Lesegewohnheiten offenlegen und damit eine Art »gläsernen Leser« schaffen.[41] 2010 gab es erste Anzeichen für eine Entwicklung in diese Richtung, als Amazon die Hervorhebungen und Textmarkierungen von Kindle-Lesern für andere Nutzer sichtbar und eine Diskussion über die Inhalte untereinander möglich machte. Der kanadische E-Reader-Hersteller Kobo entwickelte außerdem eine *App*, welche Online-Austausch aus dem Text heraus ermöglichte. Shanda, ein chinesischer Konzern, hat mit dem *Bambook* das erste soziale Lesegerät auf den chinesischen Markt gebracht, welches durch ein integriertes WLAN-Modul explizit auf Kommunikation ausgelegt ist.[42] Aber nicht nur interaktive Möglichkeiten werden forciert, sondern auch digitale Bücher, die mit audiovisuellen Medien angereichert werden und damit das multimediale Potenzial von Multifunktionsgeräten ausnützen können. Die Möglichkeiten in diesem Bereich scheinen schier unendlich, doch an wirklich innovativen Ansätzen hierzu mangelt es besonders im deutschsprachigen Raum noch.

Besonders für das Kinder- und Jugendbuch bieten Enhanced E-Books vielfältige Möglichkeiten. Bereits vierjährige Kinder sind für interaktive Bilderbücher empfänglich. Sie zeigen ein reges Interesse an den neuen Medien und wollen mit ihnen mehr tun können als mit einem gedruckten Buch. Im Bereich Jugendbuch wiederum gibt es, was die Anbindung an soziale Netzwerke angeht, enormes Entwicklungspotenzial. Die Verlage befinden sich diesbezüglich allerdings noch in einer Experimentierphase und reagieren zögerlich.[43]

Ein etwas eingeschränkteres, aber im Gegensatz zum gedruckten Buch erweitertes Leseerlebnis ermöglichen sogenannte Augmented Books oder Hybridbücher. Diese kombinieren den traditionellen Buchdruck mit elektronischen oder interaktiven Komponenten. Im Gegensatz zu den Enhanced E-Books handelt es sich dabei allerdings um Printprodukte, die durch interaktive Inhalte erweitert werden. Dies kann beispielsweise durch einen auf den Buchrücken aufgedruckten QR-Code[44] passieren, der von einem Smartphone gelesen werden und zusätzliche digitale Inhalte wie Animationen oder

Videos aufrufen kann. Eine andere Möglichkeit ist, elektronische Inhalte mittels kleinem Bildschirm, der Videos abspielen kann, zu integrieren.[45] Im Gegensatz zu *Enhanced E-Books*, die in der Zukunft sicher eine größere Rolle spielen werden, sind Augmented Books allerdings von eher geringerer Wichtigkeit.

2.3 Applications

Die steigende Beliebtheit von Multifunktionsgeräten eröffnet den Verlagen und Buchhändlern viele Möglichkeiten. *Apps*, wie sie bereits von den Smartphones bekannt sind, bieten sich an, um neue Ideen umzusetzen. Denkbar sind beispielsweise Verlags-Apps, über die einzelne E-Books eingekauft und auf dem Reader gelesen werden können, wie einige Verlagshäuser sie bereits anbieten. Verlage können so von einer gesteigerten Kundenbindung profitieren. Ein erschwerender Faktor sind allerdings die Kosten für die App-Entwicklung. Die Programmierung einfacher Apps beginnt bei rund 760 Euro, sehr komplexe Apps können mit bis zu 520.000 Euro zu Buche schlagen. Die Herstellung von Apps ist also einerseits sehr teuer, das Problem ist allerdings auch, dass diese den Endkunden kaum etwas kosten dürfen. Die hohen Entwicklungskosten müssen sich also für die Verlage erst einmal rechnen und das ist nicht leicht zu bewerkstelligen.[46] Der Preis für eine App sollte sich bestenfalls zwischen 4,90 und 9,90 Euro bewegen, für Preise darüber hinaus sinkt die Toleranz der Kunden stark.[47]

2.4 Zerfall der traditionellen Wertschöpfungskette

Die Weiterentwicklung der E-Books mit ihren technisch immer ausgereifteren Produkten und neuen Impulsen für die Lukrierung von Umsatz bringt aber nicht nur Vorteile, sondern birgt auch Gefahren für die etablierte Buchindustrie. Diese sieht sich derzeit in einer prekären Situation nicht nur insofern als sie Verluste durch Piraterie fürchtet, sondern auch innerhalb der Branche wird ein Kampf um das größte Stück des Kuchens ausgefochten. Neue Vertriebsmöglichkeiten tun sich auf und drohen, die traditionelle Wertschöpfungskette zerfallen zu lassen.

Joanne K. Rowling schockierte die Buchbranche, als sie ankündigte, die E-Book-Version der *Harry Potter*-Bände exklusiv über ihre eigene Online-Plattform Pottermore.com vertreiben zu wollen. Bei Pottermore.com handelt es sich um eine *Harry Potter*-Erlebniswelt, die Leser in interaktive Abenteuer einzubinden verspricht.[48] Seit Juni 2011 ist die Website online, der E-Book-Shop wurde 2012 eröffnet.[49] Er soll auf Wunsch der Autorin der einzige Vertriebskanal für alle E-Book-Ausgaben – im englischen Original als auch in allen Übersetzungen[50] – von *Harry Potter* sein.[51] Die schlechte Nachricht für Verlage und Buchhändler ist, dass Rowlings Geschäftsmodell zur Vermarktung von E-Books droht, ihre Dienste redundant zu machen. Sollte dieses Beispiel für Einschränkung der Vertriebsvielfalt Schule machen, träfe es vor allem den Buchhandel, denn der geht hier komplett leer aus.[52] Die Implikationen eines solchen Modells sind fatal. Die Entwicklungen um Pottermore.com zeigen nämlich, dass es Autoren theoretisch möglich wäre, auf den ganzen »beratenden Hofstaat« – also Verlage und Buchhändler – zu verzichten.[53] In Rowlings Fall handelt es sich um ein besonders gravierendes Beispiel von »biting the hand that feeds«: Bestehende Handelspartner, ohne die die Millionenumsätze der *Harry Potter*-Bücher nicht möglich gewesen wären, werden so vor den Kopf gestoßen.[54]

Der Autor als Monopolist, der seine E-Books auf der eigenen Plattform verkauft, dürfte zwar eher ein Einzelfall bleiben,

da die Stärke der Marke *Harry Potter* und die damit verbundene Möglichkeit der direkten Ansprache der Kunden einmalig
sind,[55] dennoch lässt Rowlings Vertriebskonzept erahnen, wie
Bestsellermarketing und -vertrieb in der digitalen Zukunft
aussehen könnten.[56] Pottermore.com führt der Branche eindrücklich vor Augen, dass sich die Glieder der traditionellen
Wertschöpfungskette nach und nach aufzulösen drohen. Die
klassische Beziehung zwischen Autor, Verlag, Handel und
Kunde verliert zunehmend an Bedeutung, und alle Elemente
in der Wertschöpfungskette müssen sich neu orientieren. Vor
allem das Sortiment und der Online-Buchhandel haben zu beklagen, dass sie dadurch übergangen werden.[57]

3. Piraterie begünstigende Faktoren

3.1 Verfügbarkeit von deutschsprachigen E-Books

Ein wichtiger Grund, warum Leser nach Raubkopien suchen, ist die geringe Verfügbarkeit von digitalem Content, besonders in deutscher Sprache. Die Produktion von E-Books liegt hierzulande im Gegensatz zum anglophonen Raum noch sehr zurück. Es sind zum einen noch nicht so viele deutschsprachige Titel vorhanden, zum anderen mangelte es lange noch an attraktiven Verkaufsportalen. Mit dem Einstieg Amazons ins deutschsprachige E-Book-Geschäft im April 2010 wurde zwar ein neues Kapitel in der Distribution deutschsprachiger E-Books aufgeschlagen, im direkten Vergleich mit dem englischsprachigen Markt hinkt das Angebot aber noch deutlich zurück. Die Gesellschaft für Konsumforschung (GfK) ermittelte im Jänner 2011 die E-Book-Plattformen mit den größten Anteilen am deutschen Markt (Abbildung 2):[58]

Die Top 10 der deutschen E-Book-Plattformen
Marktanteile in Prozent

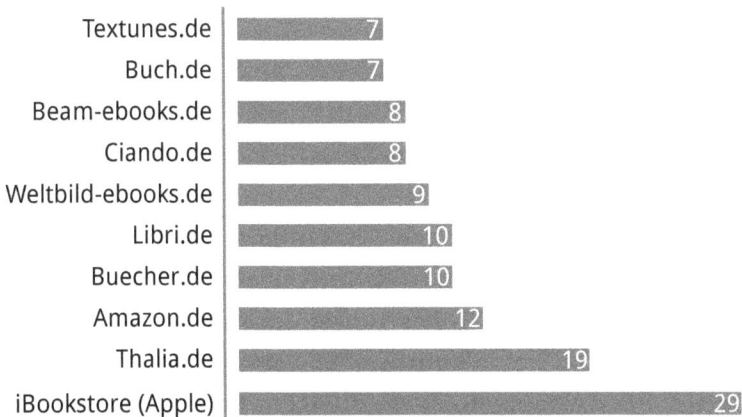

Textunes.de	7
Buch.de	7
Beam-ebooks.de	8
Ciando.de	8
Weltbild-ebooks.de	9
Libri.de	10
Buecher.de	10
Amazon.de	12
Thalia.de	19
iBookstore (Apple)	29

Eine Übersicht über die von ihnen zur Verfügung gestellten E-Book-Titel zeigt, dass sich auch das Angebot der größten Anbieter noch sehr im Rahmen hält. Nimmt man zudem in Bedacht, dass nahezu alle Anbieter kostenlose Klassiker mit im Angebot haben, die sich der Leser von den verschiedensten Quellen organisieren kann, relativieren sich diese Zahlen noch mehr. Zu kostenlos angebotenen E-Books ist außerdem zu erwähnen, dass sie kurzfristig für große Resonanz sorgen, dass sich daraus aber in der Regel kein nachhaltiges Geschäft entwickelt. Kostenlose E-Books werden von Portalen daher vor allem dazu instrumentalisiert, um den Verkauf von Endgeräten anzukurbeln.[59]

	Anzahl der verfügbaren E-Book-Titel
Textunes.de	ca. 15.000 deutschsprachige Titel
Buch.de/Thalia.de	ca. 300.000, davon > 100.000 deutschsprachige Titel
Beam-ebooks.de	ca. 18.700 (alle DRM-frei)
Ciando.de	ca. 250.000, davon ca. 140.000 deutschsprachige Titel
Weltbild-ebooks.de	ca. 100.000 in mehreren Sprachen
Libri.de	ca. 20.600 deutschsprachige Titel
Buecher.de	ca. 5.000, davon 2.888 deutschsprachige Titel
Amazon.de	ca. 41.800 deutschsprachige Titel
iBookstore (Apple)	> 200.000, keine Angaben zu deutschsprachigen Titeln
Libreka!	258.484

Abbildung 3:
Verfügbare Titel auf deutschen E-Book-Plattformen[60]

Die Anbieter im deutschen Sprachraum werden zwar stetig zahlreicher und ihr E-Book-Sortiment immer umfangreicher, trotzdem können sie nicht an das deutlich größere Angebot illegaler Seiten herankommen. Das ergibt sich aus dem Umstand, dass sogenannte *Warez*[61]-Seiten neben raubkopierten

E-Books auch digitalisierte Bücher anbieten, die offiziell gar nicht als E-Books angeboten werden. Das zeigt eindrücklich, dass das aktuelle E-Book-Angebot die Bedürfnisse der Kunden noch lange nicht befriedigen kann, weshalb viele von ihnen auf das Angebot von Piraten ausweichen.[62]

Ein weiterer Punkt, der oft an den Online-Shops kritisiert wird, ist deren mangelnde Usability. Es existieren vor allem im deutschen Sprachraum wenige attraktive und einfach zu bedienende Plattformen. Versuche legaler Anbieter scheitern oft also nicht nur an ihrem geringen Angebot, sondern auch an der allgemein schlechteren Bedienbarkeit. Zu viele Klicks bis zum endgültigen Kauf, die notwendige umständliche Registrierung in manchen Shopsystemen und Ähnliches werden von den wenigsten Kunden goutiert. Im Gegensatz dazu ist die Usability vieler illegaler Seiten sehr hoch. Sie sind einfach und übersichtlich strukturiert und mit wenigen Klicks hat man ›sein‹ Buch.[63] Nichtsdestotrotz gibt es auch Anbieter legalen Contents, die einfach funktionieren, von den Konsumenten gut angenommen werden und Maßstäbe im E-Book-Vertrieb setzen. Einer davon ist Amazon. Im folgenden Kapitel soll Amazon als Beispiel für eine effiziente Plattform beschrieben werden, gefolgt von einem Kapitel über libreka!, einem Portal, das man zum heutigen Standpunkt als gescheitert betrachten kann.

3.1.1 Amazon

Einen Meilenstein für das E-Book und seine Verfügbarkeit im deutschsprachigen Raum bedeutete der Einstieg von Amazon in den deutschsprachigen Markt. Der Startschuss für den Kindle und den Kindle-Shop fiel Ende 2007 in den USA. Im Februar 2011 erreichte der Kindle einer Studie zufolge dort einen Marktanteil von 67 Prozent, in Europa lag er Ende 2010 bei gut 35 Prozent.[64] Am 21. April 2010 ging das deutschsprachige E-Book-Portal von Amazon in Deutschland, Österreich und der Schweiz online und der Kindle war erstmals direkt über Amazon.de verfügbar und musste nicht wie bisher über den US-Shop bezogen werden.[65]

Amazon wartet mit dem beeindruckendsten E-Book-Angebot auf: »Wir haben alles, was digital verfügbar ist«, erklärte der Amazon.de-Geschäftsführer Ralf Kleber zur Premiere im deutschsprachigen Raum.[66] In Zahlen ausgedrückt sind das knappe 700.000 Titel, davon 95 Prozent importiert aus dem Ausland, ergänzt um fast 4.800 kostenlose Klassiker und mehr als 40.000 E-Books in deutscher Sprache. Mit dabei sind die Titel der wichtigsten deutschen Publikumsverlage, unter anderem Random House, der Holtzbrinck-Gruppe, Bastei Lübbe, Carlsen und Hanser.[67]

Amazon ist im Buchhandel ein seit langem etablierter Player. Die Kunden greifen – gerade bei Innovationen, die ihnen noch etwas fremd sind – gerne auf vertrauenswürdige Plattformen und Vertriebswege zurück. Wenn also Amazon ab jetzt auch im deutschsprachigen Markt als verlässliche Anlaufstelle für E-Books fungiert, verspricht man sich eine massive Entwicklung des Marktes hierzulande.[68] Amazon konnte sich in der Kernzielgruppe der digitalaffinen Vielleser bisher erfolgreich positionieren, während sich andere Anbieter noch um einen ähnliche Position bemühen müssen.[69]

Muss man im deutschsprachigen Raum nun die Konkurrenz durch Amazon fürchten? Aller Voraussicht nach wird sich das Unternehmen zwar an die Spitze des Marktes setzen, dass es seine Konkurrenten gänzlich verdrängen wird, wird aber nicht erwartet. Ein Grund dafür ist, dass es anders als in den USA aufgrund der Online-Buchpreisbindung nicht zu Preisschlachten kommen wird und somit kein Anbieter Gefahr läuft, den Kürzeren zu ziehen.[70] Dass das Interesse an E-Books nach dem Einstieg Amazons in den deutschen Markt gestiegen ist, belegen Download-Zahlen. Diese haben sich, verglichen mit dem ersten Quartal 2011, im April um das Vierfache gesteigert und in den ersten zwei Maiwochen sogar versiebenfacht.[71]

Amazon ist treibende Kraft nicht nur in Sachen Vertrieb, sondern auch was Lesegeräte angeht. 2011 kam es zu einer Geräteoffensive, die darauf abzielt, jene Konkurrenten zurückzudrängen, die seit 2010 Marktanteile im vornehmlich amerikanischen E-Book-Markt erobern konnten.[72] Mittlerweile gibt es eine ganze Kindle-Familie mit unterschiedlichen Funktionen und Ausstattungen und das zu immer günstigeren Preisen. Mit dem Launch des Kindle Fire, der bisher nur in den USA erhältlich ist, hat Amazon nun auch beide Geräteklassen – E-Reader und Tablets – im Angebot. Mit 199 Dollar ist der Kindle Fire im Tablet-Markt konkurrenzlos billig und macht das Tablet massentauglich.[73] Am großen Erfolg Amazons sicherlich mitverantwortlich ist das proaktive Bemühen des Unternehmens, seine Produkte auf jedem Endgerät lesbar zu machen. Unter dem Motto »buy once, read everywhere« soll die Kompatibilität von E-Books nicht nur auf dem Kindle, sondern auch auf Tablets und Smartphones gewährleistet sein.[74]

3.1.2 Libreka!

Libreka! ist die vermeintliche Antwort des Börsenvereins auf die zunehmende Digitalisierung und den Mangel an Angebot im deutschsprachigen Raum. Dabei handelt es sich um eine umfassende Initiative des Börsenvereins des Deutschen Buchhandels und seines Tochterunternehmens, des Marketing- und Verlagsservices des Buchhandels (MVB). Unter dem Motto

»Von der Branche für die Branche«[75] sollte libreka! als angehender Monopolist die zentrale E-Book-Distributionsplattform für deutschsprachige E-Books werden, die gleichzeitig die Interessen der deutschen Buchbranche im digitalen Geschäft schützt. Das Leistungsangebot von libreka! umfasst das Informieren über und Hineinlesen in deutschsprachige E-Books als auch den direkten E-Book-Verkauf über die Seite. Dabei stehen dem Leser mehr als 250.000 E-Books zum Kauf bereit.[76] Auf der einen Seite ermöglicht libreka! auch kleineren Verlagen eine Teilhabe am digitalen Geschäft, da es als professionelle Plattform eine solide Basis für die E-Book-Vermarktung bietet.[77] Auf der anderen Seite liegt dem Börsenverein naturgemäß viel daran, den stationären Buchhandel, der bei diesem Geschäft praktisch keine Rolle mehr spielt, zu beteiligen. Bevor der Kunde also online einen E-Book-Kauf abwickelt, wird er gefragt, welchen real existierenden Buchhändler (den sogenannten Partner) er mit seinem Kauf unterstützen will. Dieser Partner schneidet bei jedem über libreka! getätigten Kauf über eine Provision von zwanzig Prozent[78] mit.[79] Während die Verlage ihre Produkte zur Volltextsuche als auch zum Verkauf zur Verfügung stellen können, bietet libreka! dem Sortiment die Möglichkeit, vom E-Book-Verkauf über libreka! direkt zu profitieren.[80]

Libreka! ist allerdings alles andere als ein unumstrittenes Konzept. Zum einen ist da die Tatsache, dass das Unternehmen kein funktionierendes Geschäftsmodell zu sein scheint und von 2006 bis 2010 nicht kostendeckend wirtschaften konnte. Für die kommenden Jahre werden von Seiten der Geschäftsführung zwar stark steigende Gewinne prognostiziert, und libreka! feilt mit Hochdruck an seinem Geschäftsmodell und an der Akquirierung neuer Partner, die Idee geht aber in punkto Wirtschaftlichkeit nicht wirklich auf.[81] Zur Frankfurter

Buchmesse 2009 wurde ein anonymer Brief eines vermeintlichen libreka!-Insiders im Internet verbreitet, der das Projekt an den Pranger stellte und einige pikante Details verriet.[82] »Libreka ungeschminkt« kritisiert vor allem Kosten und Finanzierung des Projekts. Es wird dargelegt, dass libreka! seit seinem Start 2006 bereits mehrere Millionen Euro an Entwicklungs- und Betriebskosten verschlungen habe, dauerhafte direkte Einnahmen aber stünden dem 2009 zumindest noch in keiner nennenswerten Höhe gegenüber. Im gesamten Monat September 2009 soll libreka! lediglich 32 E-Books verkauft haben, wobei es sich hierbei um keinen Ausrutscher handelt, da die Verkaufszahlen seit Start des E-Book-Verkaufs auf der Seite stabil bei knapp über Null lagen.[83] Woher stammt nun das Geld zur Finanzierung des Projekts überhaupt? Primär aus den Einnahmen eines anderen Produkts des MVB, nämlich des Verzeichnisses Lieferbarer Bücher (VLB). Da libreka! seine eigenen Kosten zu decken nicht in der Lage ist, wurden die VLB-Gebühren empfindlich erhöht. Viele Verlage leisteten gegen dieses Vorgehen Widerstand, da gerade einmal zehn Prozent der Verlage, die im VLB eingetragen sind, libreka! überhaupt nutzen und nicht einsehen, selbst einen Beitrag zur Finanzierung leisten zu sollen.[84] Ronald Schild, der Geschäftsführer der MVB, konnte die im Brief genannten Details »in keinster Weise nachvollziehen«. Gerüchte über schockierend geringe Verkaufszahlen wollte Schild nicht kommentieren[85], da Verkaufszahlen offiziell nicht kommuniziert würden.[86] Zu der Frage, ob sich libreka! mittlerweile selbst trägt, findet man sehr widersprüchliche Angaben. Vor allem der Börsenverein macht optimistische Aussagen, die aber naturgemäß kritisch zu betrachten sind. Laut einem Interview mit Ronald Schild ist mit einer Finanzierung allein aus E-Book-Verkäufen frühestens in den Jahren ab 2014 zu rechnen.[87]

Ein weiterer Kritikpunkt an libreka! ist die E-Book-Preispolitik des Unternehmens. Die Preise für einen digitalen Titel, der zuweilen auch mit Kopierschutz ausgestattet ist, orientiert sich am günstigsten Printprodukt des jeweiligen Titels. Aus diesem Grund wird libreka! von einigen auch bissig als »eine Art E-Book-Verkaufsverhinderungsplattform«[88] bezeichnet, da diese »deutsche Variante der Buchpreisbindung für E-Books«[89] sicherlich nicht reüssieren könne. Konsumenten haben kein Verständnis dafür, für eine Datei genauso viel zu zahlen wie für ein Buch, alleine schon wenn man hunderte Euro in ein Lesegerät investiert hat, um diese Datei überhaupt erst lesen zu können.[90] Künftig will libreka! den Verlagen bei der E-Book-Preisgestaltung mehr Handlungsfreiheit zugestehen. Kostet die gedruckte Ausgabe des Produkts entweder unter zehn oder mehr als 28 Euro, gibt es keine Vorgabe mehr für den E-Book-Preis. Liegt der Preis des Printprodukts zwischen zehn und 28 Euro, kann der maximale E-Book-Preis zehn Prozent unter dem Printpreis liegen.[91] Neben den Preisen werden auch vor allem die Usability der Seite als auch die Dürftigkeit des E-Book-Angebots bemängelt.[92]

Allen Kritikpunkten zum Trotz wird das Portal stetig weiter ausgebaut und akquiriert vor allem immer neue Geschäfts-partner und Inhalte. Anfang 2011 wurde das Download-Portal Claudio.de übernommen, welches das libreka!-Sortiment um digitale Hörbücher erweitert. Inzwischen werden rund 20 Plattformen und Online-Shops durch libreka! mit deutsch-sprachigen E-Book-Titeln beliefert, darunter der iBookstore von Apple und der US-Buchhändler Barnes & Noble.[93] Dieser Schritt ermöglicht Kunden in den USA den Zugriff auf E-Books in deutscher Sprache, welche bis dahin dort nicht erhältlich waren. Einer der jüngeren Parnter von libreka! ist PagePlace, das Verkaufsportal für E-Books, mit dem die Deutsche

Telekom im März 2011 ins E-Book-Geschäft eingestiegen ist. PagePlace, das als plattformunabhängiges Verkaufsportal für E-Books, Zeitungen und Magazine konzipiert ist, soll Festnetz- und Mobilfunkkunden als potenzielle E-Book-Käufer gewinnen. Das spezielle strategische Asset von PagePlace ist die Bezahlmöglichkeit über die Telefonrechnung. Die Inhalte bezieht die Telekom durch Partnerschaften mit großen deutschen Verlagshäusern und einer Kooperation mit libreka! Das Portal ist vorerst nur innerhalb Deutschlands aufrufbar. In Österreich sind derzeit keine eigenen Aktivitäten im Bereich E-Book-Vertrieb geplant, so T-Mobile und Orange Austria.[94] Eine solche Partnerschaft libreka!s mit einem Mobilfunkanbieter ist insofern bemerkenswert, als sich damit die Präsenz auf dem digitalen Markt erhöht und darüber hinaus neue Zielgruppen angesprochen werden können.[95]

Um ihre E-Books vor illegaler Vervielfältigung im Internet zu schützen, unterstützt libreka! auch sogenannten harten Kopierschutz durch Digital Rights Management (DRM). Das dafür verwendete Kopierschutzsystem stammt von Adobe. Die Verlage haben also die Wahl, ihre E-Books entweder durch weichen, psychologischen Kopierschutz oder hartes DRM zu schützen. E-Books, die mit DRM versehen sind, dürfen maximal sechs Mal vom Benutzerkonto des Käufers in libreka! heruntergeladen werden und dürfen dann nicht markiert, kopiert oder ausgedruckt werden. Die so geschützten E-Books können dann auf allen Endgeräten gelesen werden, die die Software Adobe Digital Edition unterstützen. Die Kosten für DRM belaufen sich auf 20 Cent pro verkauftem E-Book. Beim weichen Kopierschutz werden die E-Books mit einem digitalen Wasserzeichen versehen, mithilfe dessen persönliche Angaben im E-Book hinterlegt werden, die als »psychologischer Kopierschutz« fungieren können.[96]

3.2 Pricing von E-Books

Ein besonders heikler Punkt und einer der wichtigsten Gründe, warum das Geschäft im deutschsprachigen Bereich nicht so richtig in Gang kommen will und Nutzer auf Raubkopien als Alternative umsteigen könnten, ist die Preisgestaltung von E-Books. In den USA konnte eine aggressive Preispolitik den Verkauf elektronischer Bücher kräftig ankurbeln. Ein Spezifikum des österreichischen und deutschen E-Book-Markts allerdings ist die Buchpreisbindung, die hierzulande ein ähnliches Vorgehen der E-Book-Anbieter unmöglich macht. Die Kunden beklagen vor allem, dass E-Books zu teuer sind. Ein branchenüblicher Richtwert im deutschsprachigen Raum ist der Preis des günstigsten Printprodukts des jeweiligen Titels als E-Book-Preis. Im Schnitt liegen E-Books etwa 15 bis 20 Prozent unter dem Hardcover-Preis eines Titels.[97] Daraus ergibt sich im Schnitt ein Preisvorteil von zwei bis drei Euro im Gegensatz zu Hardcover-Ausgaben, und noch weniger bei Taschenbüchern. Das ist vielen Konsumenten zu wenig, weil viele meinen, der Herstellungspreis von E-Books läge weit unter dem eines gedruckten Buches. Die vorherrschende Meinung aus Sicht der Kunden ist also, dass diese Ersparnis in der Produktion und im Vertrieb nur ungenügend an sie weitergegeben werde. Dass die Herstellung von E-Books viel billiger sei als die eines gedruckten Buches, ist allerdings ein Trugschluss, denn die Kosten für E-Books sind (mittlerweile noch) ähnlich hoch wie beim Printprodukt. Auch wenn Produktions- und Lagerkosten eingespart werden können, fallen dafür andere Kosten an. Neben der einmaligen Konvertierung der Printtitel in ein digitales Produkt sind das vor allem eine beträchtliche Menge an Lizenz- und Distributionskosten. Wenn ein Verlag im E-Book-Geschäft mitmischen will, muss er außerdem in die technische und redaktionelle Infrastruktur investieren.[98] Ein großes Problem ist außerdem der hohe Mehrwertsteuersatz. Im Gegensatz zu sieben Prozent Mehrwertsteuer beim Printprodukt sind E-Books in Deutschland dem vollen Mehrwertsteuersatz von 19 Prozent unterworfen. Nicht nur die Verlage, sondern auch der Börsenverein des Deutschen Buchhandels kritisieren diese Regelung vehement und haben im Rahmen einer EU-weiten Petition 2010 gefordert, für E-Books den ermäßigten Mehrwertsteuersatz zu erheben. In Spanien beispielsweise wurde solch eine Regelung bereits durchgesetzt.[99]

Eine weitere Problematik sind die von Verlagen propagierten vermeintlich erhöhten Honorarkosten für Autoren bei E-Books. Beim Printprodukt belaufen sich die Honorare in der Regel auf zwischen acht und zehn Prozent des Nettoverkaufspreises, bei E-Books sind es aber häufig bis zu 20 Prozent. Anzumerken wäre hier allerdings, dass diese 20 Prozent vom Verkaufserlös abgehen, der ohnehin weitaus niedriger ist. Dieses Argument, um die Preise hoch zu halten, ist also mit Vorsicht zu genießen.[100]

Dass die Buchpreisbindung für E-Books ein deutliches Hemmnis für das digitale Geschäft darstellt, lässt sich nicht leugnen. Durch die Online-Buchpreisbindung schützen sich die Verlage und Buchhändler zwar einerseits vor einem Preisdumping, wie es in den USA teilweise betrieben wird, andererseits halten die Kunden die E-Book-Preise für zu hoch.[101]

Ursprünglich galt es die Frage zu klären, ob E-Books überhaupt der Buchpreisbindung laut ihrem Zweck unterworfen werden sollten. Generell preisgebunden sind gemäß § 2 Abs. 1 des deutschen Buchpreisbindungsgesetzes:»Produkte, die Bücher, Musiknoten, oder kartografische Produkte reproduzieren oder substituieren und bei Würdigung der

Gesamtumstände als überwiegend verlags- oder buchhandelstypisch anzusehen sind.«[102]

Der Börsenverein des Deutschen Buchhandels als großer Verfechter der Preisbindung für E-Books geht eindeutig vom Substitutionscharakter der E-Books aus: Wer ein E-Book erwirbt, wird vermutlich das gedruckte Buch nicht mehr kaufen. 2008 veröffentlichte der Börsenverein eine Stellungnahme zur Preisbindung von E-Books, die sich insbesondere auf ein Urteil des Bundesgerichtshofes stützt, das besagt, dass bei CD-ROMs eine Substitutionsfunktion definitiv gegeben sei. Aber vor einer solchen einfachen Übertragung der CD-ROM-Entscheidung und einer vorschnellen Annahme des Substitutionscharakters bezüglich E-Books muss man warnen, da zum einen E-Books im Gegensatz zur CD-ROM nicht physisch vorliegen, und zum anderen CD-ROMs traditionell wie gedruckte Bücher im stationären Sortiment vertrieben werden. Das trifft bei E-Books, die vorwiegend im Internet vertrieben werden, nicht zu.[103]

Die schützenswerte Institution Buchpreisbindung ist vor allem eine kulturpolitische Maßnahme. Zwar hat sie ebenfalls zum Ziel, die Vielfalt der Produzenten und Anbieter von Büchern zu erhalten und das Entstehen oligopolistischer oder gar monopolistischer Strukturen zu verhindern,[104] trotzdem ist vor diesem Hintergrund zu prüfen, ob eine fehlende Buchpreisbindung von E-Books eine flächendeckende Versorgung der Bevölkerung mit dem Kulturgut Buch verhindern würde, was eine Preisbindung eindeutig rechtfertigen würde. Da E-Books nicht im Buchhandel angeboten werden, hat der preisbindungsrechtliche Schutz von E-Books aber keine direkte positive Auswirkung auf den Buchhandel, sondern nur auf E-Book-Anbieter (wie beispielsweise Amazon), deren Schutz aber kulturpolitisch wohl nicht erwünscht sein kann.[105]

Sollte man hierzulande an einer E-Book-Preisbindung festhalten, liegt es nahe, dass in Zukunft E-Book-Plattformen im Ausland, wo kein Preisbindungsgesetz existiert, auch deutschsprachige E-Books zu günstigeren Preisen anbieten werden.[106] Bislang ist eine Preisbindung für E-Books zwar nicht gesetzlich vorgeschrieben, allerdings kündigte der Börsenverein in seiner Stellungnahme an, die Preisbindung gerichtlich erwirken zu wollen, sollten sich Marktteilnehmer nicht an diese Regelung halten.[107]

Ein weiterer erschwerender Faktor ist die Durchsetzbarkeit einer solchen Strategie bei E-Books. Da elektronische Bücher grenzüberschreitend angeboten werden, könnten Konsumenten einfach darauf ausweichen, deutsche E-Books bei ausländischen Anbietern (sofern verfügbar) günstiger herunterzuladen. Ein Argument für die Abschaffung der Buchpreisbindung ist, dass im globalen Datenverkehr nationale Regelungen keine Rolle mehr spielen.[108] Die deutsche Buchbranche schadet sich mit einer solchen Preisbindung also lediglich selbst.

Es ist davon auszugehen, dass sich faire Preise am E-Book-Markt grundsätzlich durchsetzen. Die Proteste großer amerikanischer Verlage wie Macmillan Anfang 2012 gegen die niedrigen Pauschalpreise von Amazon in den USA bestätigen diese Annahme. E-Books bei Amazon durften bis dahin nicht mehr als 9,99 Dollar kosten. Macmillan lehnte sich gegen dieses Preismodell auf und erwirkte, dass E-Books auf Amazon künftig für 12,99 bis 14,99 Dollar angeboten werden. Ziel Macmillans war laut eigener Aussage ein Geschäftsmodell, das gesunde Konkurrenz zulasse und fair gegenüber Konsumenten und Urhebern sei.[109] Man erwartet zudem, dass die Preise für E-Books in den USA weiter steigen werden.[110]

Auch im deutschsprachigen Raum gab es einen prominenten Streitfall, bei dem sich eine E-Book-Distributionsplattform dem Unmut der Verlage ausgesetzt sah. Eine E-Book-Rabattaktion des Schweizer Online-Händlers *exlibris.ch*, bei der E-Books mit einem Preisnachlass von 30 Prozent angeboten wurden,[111] hat einige deutsche Verlage, darunter die Verlagsgruppe Random House, zu einem Lieferstopp veranlasst. In der Schweiz gibt es keine Buchpreisbindung, die deutschen Verlage verlangen aber auch von ihren ausländischen Handelspartnern, dass die von ihnen festgelegten Preise eingehalten werden. Durch den Boykott musste *exlibris.ch* sein E-Book-Angebot auf begrenzte Zeit vom Netz nehmen.[112]

Es bleibt abzuwarten, wie sich das Pricing in diesem noch jungen Marktsegment entwickeln wird. Mit der Zeit werden sich Erlösmodelle etablieren, die für Verlage akzeptabel sind. Eine Annäherung zwischen Verlagen und Großhändlern wird trotzdem unumgänglich sein, und die aktuellen Preise werden sich in dieser Form nicht halten können, wenn das E-Book-Geschäft wachsen soll. Vor allem eine Verständigung mit Amazon oder Apple wird notwendig sein.[113] Wie die E-Book-Preisgestaltung der Zukunft aussehen wird, darüber sind sich Experten noch uneinig. Zu bedenken ist außerdem die Tatsache, dass auch durchwegs niedrigere Preise der Entwicklung der E-Books nicht Rechnung tragen. Die Forderung nach billigen E-Books lässt außer Acht, dass elektronische Bücher nicht dauerhaft so »primitiv« bleiben werden wie derzeit. Es ist anzunehmen, dass sich in Zukunft aufwendig hergestellte und multimedial angereicherte Produkte durchsetzen werden, deren Herstellungskosten jene von gedruckten Büchern um ein Vielfaches übersteigen werden.[114] Man befürchtet auch, dass Verlage sehr unterschiedliche Preisstrategien verfolgen werden und damit eine Konfusion beim Kunden hervorrufen.[115]

In anderen europäischen Ländern hat man sich bereits für eine Aufhebung der Buchpreisbindung für E-Books entschieden. E-Books liegen dort im Schnitt 50 Prozent unter dem Verkaufspreis der Printprodukte, mit dem Resultat, dass der Umsatz mit elektronischen Büchern seither um ganze 500 Prozent gestiegen ist. Diese Zahl klingt aber erstaunlicher als sie tatsächlich ist. Wenn man von kaum nennenswerten Umsatzzahlen und einem noch nicht entwickelten Markt ausgeht (vgl. Kapitel 1.4) können solch enorme Zuwächse bald einmal gelingen.[116]

3.3 Digital Rights Management

Kaum ein Thema bewegt die Gemüter in der Diskussion rund um E-Books so sehr wie das digitale Rechtemanagement. Digital Rights Management (DRM) ist der Begriff für verschiedene Arten von technischen Schutzmaßnahmen, die der Rechteinhaber vorbeugend gegen Urheberrechtsverletzungen ergreift.[117]

Allgemein versteht man darunter Technologien, die dazu bestimmt sind, die Verletzung von Urheberrechten und verwandten Schutzrechten oder einen unberechtigten Zugang zu geschützten Werken und Leistungen zu verhindern.[118]

DRM-Technologien regeln genau, wer welchen Content wann und wo wie nutzen kann. Sie sollen die grundsätzlich unkontrollierte Umgebung der Online-Distribution in eine kontrollierte umwandeln.[119] Ein wesentlicher Bestandteil von DRM-Technologien sind die Nutzungsregeln. Sie definieren, ob und wie oft der Content kopiert, ob er anderen Benutzern zur Verfügung gestellt werden darf und ob die Nutzungserlaubnis zu einem bestimmten Termin ausläuft.[120] Dabei setzen DRM-Techniken den Willen der Rechteinhaber durch Beschränkung der Nutzungsmöglichkeiten direkt durch. Das Besondere an dieser Durchsetzung von Rechten ist, dass dafür keine Gerichte bemüht werden müssen, die Technik erledigt sie direkt selbst. Der Gesetzgeber hat unterstützend ein Verbot eingeführt, DRM-Techniken zu umgehen. Nicht die illegale Vervielfältigung und Distribution eines Werks verstößt gegen das Urheberrecht, sondern bereits das Entfernen von Kopierschutz wird sanktioniert. Das Recht in der BRD beispielsweise regelt in § 108b UrhG unerlaubte Eingriffe in technische Schutzmaßnahmen auf folgende Weise:

> Wer [...] wissentlich unbefugt eine von Rechtsinhabern stammende Information für die Rechtewahrnehmung entfernt oder verändert [...] und dadurch wenigstens leichtfertig die Verletzung von Urheberrechten oder verwandten Schutzrechten veranlasst [...], wird, wenn die Tat nicht ausschließlich zum eigenen Gebrauch des Täters [...] erfolgt [...], mit Freiheitsstrafe bis zu einem Jahr oder mit Geldstrafe bestraft.[121]

In Österreich wurde erstmals im Zuge der Urheberrechts-Novelle 2003 ein Rechtsschutz gegen die Umgehung technischer Schutzmaßnahmen definiert. UrhG § 90c besagt:

> Der Inhaber eines auf dieses Gesetz gegründeten Ausschließungsrechts, der sich wirksamer technischer Maßnahmen bedient, um eine Verletzung dieses Rechts zu verhindern [...] kann auf Unterlassung und Beseitigung des dem Gesetz widerstreitenden Zustandes klagen, wenn diese Maßnahmen durch eine Person umgangen werden [...].[122]

Dabei definiert das Recht die zu schützenden Maßnahmen folgendermaßen:

Unter wirksamen technischen Maßnahmen sind alle Technologien, Vorrichtungen und Bestandteile zu verstehen, die [...]
dazu bestimmt sind, [...] Rechtsverletzungen zu verhindern [...]
und die die Erreichung dieses Schutzziels sicherstellen. Diese
Voraussetzungen sind nur erfüllt, soweit die Nutzung eines
Werks [...] kontrolliert wird [...] [durch] einen Mechanismus zur
Kontrolle der Vervielfältigung.[123]

Auch das amerikanische Copyright Law kennt ein Gesetz gegen die *circumvention of copyright protection systems*. § 1201
konstatiert:»No person shall circumvent a technological mea-
sure that effectively controls access to a work protected under
this title.«[124]

Im Vergleich zum deutschsprachigen Raum werden Verstöße gegen dieses Gesetz in den USA sehr viel härter bestraft:

Any person who violates section 1201 [...] willfully and for purpo-
ses of commercial advantage or private financial gain (1) shall be
fined not more than $ 500.000 or imprisoned for not more than 5
years, or both, for the first offense; and (2) shall be fined not more
than $ 1.000.000 or imprisoned for not more than 10 years, or
both, for any subsequent offense.[125]

Durch DRM wird der Nutzer zur Einhaltung des Nutzungs-
vertrags verpflichtet. Dadurch überträgt sich ein Teil der Ver-
antwortung für den Schutz von geistigem Eigentum von der
Legislative auf private Akteure, weshalb man von bei DRM von
einer Art Privatisierung des Rechtsschutzes sprechen kann.[126]

3.3.1 Exkurs: DRM in der Musikindustrie

Durch DRM können neben E-Books sämtliche digitale Medien
wie Audio- und Filmdateien, Computerspiele und Software
geschützt werden.[127] Vor allem die Musikindustrie hat in der

Vergangenheit die illegale Vervielfältigung ihrer Produkte hart getroffen. Nicht nur einzelne Lieder, sondern ganze Alben wurden im Internet illegal zum Download angeboten. Die Branche reagierte angefangen mit PR-Kampagnen wie *Copy Kills Music* über Abmahnungswellen im großen Stil bis hin zur Anwendung einer ganzen Reihe von Kopierschutzmechanismen. Die angewandte DRM-Technik wurde von Konsumenten scharf kritisiert, da sie zahlreiche Nachteile mit sich brachte. Audio-CDs waren etwa beispielsweise nicht mehr mit allen Abspielgeräten kompatibel, ließen sich nicht in andere Dateiformate umwandeln oder benötigten zur Verwendung auf dem Computer spezielle Software, die wiederum nicht mit allen Betriebssystemen kompatibel war. Die Anzahl von Problemen war schier unübersichtlich und für die Kunden inakzeptabel. Diese Maßnahmen stellten sich als kontraproduktiv heraus – sie stärkte letztendlich vor allem die illegalen Tauschbörsen, nicht aber die Musikindustrie.[128]

Lange Zeit mangelte es in der Musikbranche nicht nur an zu restriktiven Kopierschutzsystemen, sondern auch an funktionierenden Geschäftsmodellen. Zu Beginn versuchte man es gar mit Single-Downloads zum Preis einer physischen Single[129] – ein Vorgehen, das zum Scheitern verurteilt war. 2003 startete Apples Online-Musikshop iTunes in den USA und führte ein Preismodell ein, das den digitalen Musikmarkt revolutionierte. Für einzelne Musiktitel wurden nur 99 Cent verlangt, ganze Alben kosteten 9,99 Dollar. Der Erfolg gab Apple Recht – bereits im Dezember 2003 meldete der Konzern den Verkauf von insgesamt 25 Millionen Liedtiteln bei einer Rate von 1,5 Millionen Songs pro Woche. iTunes wurde weltweit zum größten Anbieter digitaler Musik.[130]

Die Musikbranche, die sich sehr lange gegen kopierschutzfreie Musiktitel gewehrt hatte, gab diese Haltung 2009 weitgehend auf.[131] Apple war wieder Vorreiter: 2009 wurde das iTunes-Preismodell zu Gunsten der Musikindustrie modifiziert, dafür mussten Musiktitel nicht länger mit einem Kopierschutz versehen werden, waren mit anderen Abspielgeräten als dem iPod kompatibel und konnten durch die Käufer nun so oft verbreitet und vervielfältigt werden, wie diese wünschten. Seitdem geht der Trend auf dem Online-Musikmarkt weg von restriktiven DRM-Systemen und proprietären Formaten. Auch die Zahl von illegalen Downloads ist laut diverser Studien wie jener der Gesellschaft für Konsumentenforschung seither rückläufig.[132]

3.3.2 DRM bei E-Books

Obwohl man in der Buchbranche um die Fehlentscheidungen der Musikindustrie weiß, scheint die Furcht vor Filesharern und One-Click-Hostern so mächtig, dass die gleichen Fehler erneut begangen werden. Zwar rät selbst der Börsenverein den Verlegern, sich mit DRM zurückzuhalten und den Kunden beim Lesen ihres elektronischen Einkaufs nicht zu behindern – denn schon für die Musikbranche war, wie bereits erwähnt, die »Eigenproduktsabotage« mittels Kopierschutz ein Schuss ins Knie[133] – trotzdem finden sich auf E-Book-Plattformen im deutschsprachigen Raum kaum DRM-freie Titel zum Kauf.[134]

Tatsächlich sind der Rechteverlust und drohende einbrechende Umsätze durch Piraterie aber ein reales Problem. Es dauerte beispielsweise keinen Tag nach dessen Erscheinen, bis *The Lost Symbol*, der (zum damaligen Zeitpunkt) neue Roman von Dan Brown,[135] auf diversen Tauschbörsen und Filehostern zum Download verfügbar war. Aber selbst wenn man solche illegalen Angebote aufstöbert und den Anbieter zum Löschen zwingt, werden sie von anderen Anwendern wieder ins Netz gestellt – ein Kampf gegen Windmühlen. Das kalifornische Unternehmen Attributor beziffert den durch illegale E-Book-Downloads entstandenen Schaden in den USA in einer Studie auf 600 Millionen Dollar. Somit sind die Befürchtungen der Verleger nicht gänzlich unbegründet.[136] Die Antwort auf die Frage, ob man dem Problem mit DRM beikommen kann, steht allerdings noch im Raum. Laut Ronald Schild »lässt sich [der Kopierschutz] spielend leicht in 60 Sekunden knacken. Falls Sie Angst vor Piraterie haben, müssen Sie aufhören, Bücher zu drucken.«[137] Nachforschungen hätten außerdem ergeben, dass 90 Prozent der Raubkopien eingescannte Bücher sind – nicht geknackte Versionen bereits elektronisch vorliegender Werke.

Bei der Frage, ob DRM bei E-Books angewandt werden soll oder nicht, scheiden sich jedenfalls die Geister. Auf die Frage nach dem Schutz von digitalen Nutzungsrechten gegen unerlaubte Vervielfältigung glaubten bisher die meisten Verlage ihre Antwort im DRM gefunden zu haben. Ob DRM eingesetzt werden soll, ist dabei Sache der einzelnen Verlage. DRM ist nicht auf ein Format beschränkt, sondern kann in die gängigen E-Book-Formate integriert werden. In der Regel wird die Software Adobe Digital Editions (ADE) genutzt, die vom Kunden nach Erwerb eines E-Books heruntergeladen und auf dem Lesegerät installiert werden muss, damit er seinen erstandenen Titel lesen kann. Außerdem muss sich der Kunde in einem umständlichen Prozess registrieren, was den Erwerb zusätzlich beeinträchtigt.[138]

Neben der DRM-Software von Adobe gibt es auch die Software FairPlay, die beispielsweise im iBookstore genutzt wird. FairPlay ermöglicht eine begrenzte Anzahl von Kopien, bringt für den Leser aber ebenfalls erhebliche Nachteile mit sich. Ausleihen, Weiterverkaufen und Drucken sind auch beim Schutz durch FairPlay nicht erlaubt.[139]

Eine Alternative zum ›harten‹ DRM-Kopierschutz kann der sogenannte ›weiche‹ Kopierschutz mittels Wasserzeichen sein. Dieses ist für den Konsumenten zwar sichtbar, beeinträchtigt die Lektüre aber nicht gravierend. Mithilfe des Wasserzeichens lassen sich erworbene E-Books eindeutig einem Kunden zuordnen,[140] was ihn möglicherweise von illegaler Vervielfältigung abhält. Insofern fungiert das Wasserzeichen auch als ›psychologisches‹ DRM. Vorteil des Wasserzeichens ist, dass ein umständlicher Erwerbs- und Registrierungsprozess wegfällt.[141]

Ein besonders problematischer Punkt beim digitalen Rechtemanagement ist die Tatsache, dass dem Käufer von E-Books nicht immer einsichtig ist, ob und welchen Kopierschutz seine E-Books haben und dass im ungünstigsten Fall der Händler sie ihm wieder entziehen kann, so wie es Amazon mit zwei Orwell-Werken gemacht hat.[142] Nachdem der Rechteinhaber 2009 auf die Entfernung der beiden Werke *Animal Farm* und *1984* bestanden hatte, wurden diese von den Endgeräten der Kunden einfach gelöscht und der Kaufpreis rückerstattet. Die Kunden reagierten darauf überaus überrascht. Der Fall zeigt auf, wie einfach es im digitalen Geschäft ist, von Verkäuferseite dem Konsumenten ein Produkt einfach wieder wegzunehmen – bis dato ein schier unglaubliches Konzept.[143]

Experten werten den Schutz durch DRM und die damit verbundenen Schikanen für die Konsumenten als zentrale Barriere. Kritische Stimmen bezeichnen DRM auch als Digital Restriction Management.[144] Vor allem eine benutzerfreundlichere Handhabung wäre anzustreben.[145] Für die Zukunft erwartet man, dass zumindest hartes DRM verschwindet und die Entwicklung auf dem E-Book-Markt Parallelen zum Musikmarkt aufweisen wird. DRM kann, wie sich gezeigt hat, E-Book-Piraterie nicht verhindern. Für Piraten ist es ein Leichtes, den Kopierschutz zu entfernen und die Titel trotzdem illegal zu verbreiten. Was DRM am ehesten verhindert, sind mehr E-Book-Käufe auf legalem Weg. Im Zuge der Entwicklung des digitalen Marktes werden so oder so Raubkopien auftauchen und DRM wird seiner Schutzfunktion nicht nachkommen können. Man rechnet also damit, dass sich ein weicher Kopierschutz durchsetzen wird.[146]

3.4 Pricing und DRM als Verkaufsverhinderungsstrategien

Als die beiden wesentlichsten Faktoren, die im deutschsprachigen Raum das Wachstum des legalen E-Book-Geschäfts hemmen und eine Produktpiraterie begünstigen, können einerseits die Preisgestaltung und andererseits das digitale Rechtemanagement angenommen werden. Zwar gibt sich die Buchindustrie technologie- und innovationsaffin, die digitale Realität sieht dennoch anders aus. Vor allem die innovationsfeindliche und strukturkonservative Online-Buchpreisbindung und das oftmals konsumentenfeindliche Rechtemanagement beweisen, dass aus den Fehlern der Musikindustrie weniger gelernt wurde als man sich einzugestehen vermag.[147]

Ein praktisches Beispiel kann einen Hinweis darauf geben, woran es im E-Book-Geschäft hierzulande scheitert. Angenommen, ein Kunde möchte sich die 2009 erschienene *Atemschaukel* der Literaturnobelpreisträgerin Herta Müller als E-Book besorgen. Bei libreka! (und dank der Online-Buchpreisbindung auch überall sonst) kostet der Titel 9,99 Euro. Das E-Book muss zuerst über einen aufwendigen Registrierungsprozess heruntergeladen werden. Das Buch kann im Anschluss weder ausgedruckt, noch an Freunde verliehen und schon gar nicht weiterverkauft werden. Der Natur des E-Books entsprechend fehlt der physische Träger.[148] Eventuell ist es zudem auch nicht mit jedem E-Reader kompatibel. Auf Amazon.de hingegen kann man den preiswertesten Taschenbuchtitel der *Atemschaukel* um denselben Preis, 9,99 Euro, kaufen.[149] Wieso sollte sich der Kunde also für das E-Book entscheiden?

Wie soll man eine solche Preis- und Konditionspolitik interpretieren, wenn nicht als Verhinderungsstrategie? Unter diesen Bedingungen wird sich der E-Book-Markt hierzulande nur sehr schwer entwickeln können. Augenscheinlich ist es dem Börsenverein wichtiger, den traditionellen Handel mit Printprodukten noch möglichst lange zu stützen, als das E-Book-Geschäft ernsthaft voranzutreiben. Um dieses Ziel zu erreichen, scheint er billigend in Kauf zu nehmen, dass das Entstehen eines funktionierenden, legalen und von der Masse angenommenen E-Book-Verkaufs gehemmt wird. Unter dem Motto »Wenn E-Books, dann nur zu unseren Bedingungen« überschätzt die Buchbranche ihre langfristige Markt- und Gestaltungsmacht dramatisch.[150]

Damit das Geschäft mit E-Books in Schwung kommt, müssten demnach vor allem zwei Voraussetzungen erfüllt werden: Erstens müssten eine reibungslose Kauf- und Leseabwicklung und ein einfaches Rechtemanagement, falls überhaupt, gewährleistet sein. Zweitens sind Preise von vielleicht einem Fünftel der gedruckten Versionen erforderlich. Zu Recht erwarten die Kunden, dass die Distributionskostenvorteile als auch die Handhabungsnachteile in adäquatem Ausmaß in die Preisgestaltung für E-Books einfließen. Einige Meinungen gehen davon aus, dass sich für Verlag und Autoren selbst bei Preisen, die bei einem Fünftel des Printprodukts liegen, noch höhere Margen erzielen lassen als im klassischen Buchgeschäft. Es wäre an der Zeit zu erkennen, dass die Geschäftsmodelle für E-Books nicht ident mit denen des klassischen Buchgeschäfts sein können.[151]

Auch der Kopierschutz durch DRM wird für den Konsumenten zur echten Belastungsprobe.[152] In einem Börsenblatt-Artikel mit dem Titel »Piraten lieben DRM« führt Börsenverein-Geschäftsführer Ronald Schild aus, warum Kopierschutz Piraterie eher fördert als verhindert und bringt die Probleme, mit denen sich die Kunden konfrontiert sehen, in einem sehr anschaulichen Beispiel auf den Punkt:

> Stellen Sie sich vor, Sie kaufen »The Road« von Cormac McCarthy [...] als Hardcover in Ihrer Buchhandlung vor Ort. Der freundliche Buchhändler klärt Sie darüber auf, dass Sie das Buch an maximal drei Familienmitglieder weitergeben können, nicht aber an andere Verwandte, Freunde oder Bekannte. Darüber hinaus können Sie das Buch noch nicht auf dem Weg nach Hause in der U-Bahn lesen, weil Sie es erst über eine kostenfreie Hotline registrieren müssen. Letztlich bekommen Sie den Hinweis, dass das Buch mit einem neuen Spezialdruckverfahren hergestellt wurde, das das Kopieren auf Fotokopierern unterbindet.[153]

Dass der mit der DRM-Technologie verbundene technische Aufwand »schlichtweg eine Zumutung«[154] ist, wird also durchaus auch von Branchen-Insidern erkannt. DRM funktioniert nämlich nur in Geschäftsmodellen erfolgreich, bei denen Shopsystem, Content und Endgerät aus einer Hand kommen – wie das etwa bei Apple und Amazon der Fall ist. Piraterie begünstigend ist DRM also insofern, als solche Restriktionen von Konsumenten oft nicht akzeptiert werden und One-Click-Hoster und Filesharing-Plattformen erst attraktiv machen, weil man dort das Produkt ohne Einschränkungen und Kosten bekommt.[155] Die Technologie, die Piraterie verhindern will, ist also zu einem Grund für ebendiese geworden: »Die Alternative heißt dann RapidShare, BitTorrent oder Pirate Bay.«[156]

Dass der Verzicht auf DRM nicht zwangsläufig zu Umsatzeinbrüchen führt, beweist der O'Reilly-Verlag. Seit 2008 verzichtet der IT-Fachverlag auf DRM-Schutz bei verlagseigenen E-Books und stellte 2009 eine signifikante Verschiebung der Absatzzahlen zum E-Book hin fest. Insgesamt konnte der Absatz von elektronischen Büchern um 104 Prozent gesteigert werden.[157]

Die Verlags- und Buchhandelsbranche sieht die Absatzprobleme bei den E-Books indessen nicht als Innovationsproblem im eigenen Lager. Sie appelliert lieber an die Politik, vehement gegen illegale E-Book-Downloader vorzugehen und das schwer kontrollierbare Internet zu »zivilisieren«. Die Technik, deren Geschäftsdynamik man nicht für sich selbst zu nützen in der Lage ist, soll in der Folge also legalistisch domestiziert werden. Gestützt auf das Urheberrecht glaubt die Buchbranche, sie könne sich neuen Vertriebs- und Geschäftsmodellen verschließen – und macht damit den gleichen Fehler wie die Musikindustrie.[158]

3.5 E-Book-Formate

Zu den bereits genannten, die Piraterie begünstigenden Faktoren, kommt die Vielfalt der E-Book-Formate hinzu, denn statt einer standardisierten Gestaltungsform gibt es eine Vielzahl an verschiedenen Dateitypen, die zum Teil unterschiedliche Ansprüche bedienen.[159] Nicht nur deren Unübersichtlichkeit ist problematisch, sondern auch das Faktum, dass nicht alle Formate mit allen Endlesegeräten kompatibel sind. Diese mangelnde Interoperabilität ist sicherlich ein weiteres Entwicklungshemmnis für E-Books am Markt und ein entschiedener Störfaktor für Konsumenten.

Auf Herstellerseite bergen die verschiedenen Formate gewisse Herausforderungen. Grundsätzlich muss sich bei der Wahl des richtigen Formats für den jeweiligen Titel vorrangig gefragt werden, welche Kunden erreicht werden sollen, wo diese das E-Book lesen und welches Lesegerät sie dafür benützen werden. Eine sorgfältige Zielgruppenbestimmung ist hier also von zentralem Stellenwert.[160] Noch vor kurzer Zeit stand dem Leser als auch den Herstellern von E-Books eine Fülle von konkurrierenden Dateiformaten gegenüber. Für den hiesigen E-Book-Markt haben sich aber vor allem zwei, nimmt man die herausragende Stellung Amazons hinzu, drei Leitformate herauskristallisiert: EPUB, PDF und Mobipocket.[161] Diese drei Formate sind außerdem die einzigen Dateiformate mit Digital-Rights-Management-Unterstützung.[162] Die Frage nach dem richtigen Format beschäftigt vor allem Verlage, die in das Geschäft mit E-Books einsteigen wollen und ist ein Grund dafür, warum sich viele so zögerlich verhalten. Wenn sich ein wirklicher Standard herauskristallisiert, werden sich vermutlich auch mehr Verlage am Markt beteiligen.[163] Für jemanden, der seine E-Books am Computer liest, ist die Wahl nach dem Format eher zweitrangig, da für sämtliche Formate und Betriebssysteme Lesesoftware vorhanden ist. Für Nutzer dezidierter Lesegeräte jedoch kann sie zur Herausforderung werden, solange die Geräte nicht alle Formate erkennen und verarbeiten können.[164] So stößt man beispielsweise beim Wechsel des E-Readers auf Probleme. Wer einen Kindle besitzt und sich im Anschluss einen Sony Reader kauft, kann seine bisher erworbenen Bücher auf dem neuen Gerät nicht lesen. Ebenso lassen sich E-Books, die nur im EPUB-Format vorliegen, nicht auf dem Kindle nutzen.[165]

Bei den Formaten wird grundsätzlich zwischen *reflowable* und *non-reflowable* E-Books unterschieden. Als *reflowable* werden Formate bezeichnet, die über keinen festen Zeilenumbruch verfügen. Dieser passt sich also dem Display und der vom Leser gewählten Schriftart und -größe an. Es gibt demzufolge auch keine Seiten mit festgelegter Paginierung mehr. Ein *reflowable* E-Book ist in diesem Fall keine bloße digitale Kopie eines gedruckten Buches mehr, sondern kann als völlig neues Medium mit lediglich buchtypischen Eigenschaften betrachtet werden. Momentan gibt es zwei konkurrierende Formate für *reflowable* E-Books: EPUB und Mobipocket.[166]

3.5.1 EPUB

Eines der gängigsten E-Book-Formate ist EPUB (Electronic Publication). Der EPUB-Standard wurde 2007 vom International Digital Publishing Forum (IDPF) festgelegt. Das Besondere des Formats ist, dass es auf offenen Standards aufbaut und plattform- und herstellerunabhängig[167] ist. Die Gestaltung des Texts kann vom Leser nach seinen Wünschen manipuliert werden. Das Format ist spezialisiert auf die dynamische Anzeige auf dem Bildschirm. Das Layout wird umgebrochen und kann somit auch auf kleinen Bildschirmen gut gelesen werden.[168] Die EPUB-Dateien enthalten Metainformationen mit Hinweisen auf Autor und Verlag. Eine EPUB-Datei ist auf folgende Weise aufgebaut: Es gibt eine Kapiteldatei, die Metadaten und die Containerdatei, welche den eigentlichen Text beherbergt und wo gegebenenfalls der Kopierschutz enthalten ist. Ein Nachteil von EPUB ist die eingeschränkte Bild- und Videodarstellung, da das Format für E-Books mit viel Text und wenig anderen Elementen optimiert ist.[169] EPUB befreit den Text vom festen Layout, und der Leser kann selbstbestimmt auf seinem Endgerät Attribute wie Schriftart, Schriftgröße und Hintergrund festlegen.[170]

3.5.2 Mobipocket

Bei Mobipocket handelt es sich um das Hersteller-Hausformat des Kindle-E-Book-Readers von Amazon.[171] Das Format ist proprietär, also ein nicht-offener Standard.[172] Es wurde von der französischen Firma und Amazon-Tochter Mobipocket S.A. entwickelt. Das Format lässt sich mithilfe des Programms Mobipocket Creator erstellen. Ein Nachteil von Mobipocket ist eine Einschränkung in der Darstellung der Inhalte. Vor der Entwicklung des EPUB-Formats war Mobipocket aufgrund der Vorreiterrolle Amazons stark verbreitet. Obwohl EPUB offensichtliche Vorteile bezüglich der Kompatibilität mit den meisten Endgeräten aufweist, hält Amazon an seinem Format fest. Dies birgt vor allem eine Herausforderung für Verlage. Wollen diese nämlich ihre E-Books im Kindle-Store vertreiben, müssen ihre Dateien also auch in dieses Format gebracht werden, was technisch aufwendiger und schwieriger ist. Die Eigenschaften der Darstellung sind ähnlich wie beim EPUB-Format. Es eignet sich optimal zur Anzeige auf verschiedenen Bildschirmgrößen, beim Layout müssen aber ebenfalls Abstriche gemacht werden.[173]

3.5.3 PDF

Um plattformunabhängig Dokumente austauschen zu können, wurde bereits 1993 das PDF (Portable Document Format)[174] entwickelt. Heute ist es eines der gebräuchlichsten Formate. Im Gegensatz zum EPUB soll hier der Leser das Dokument layout-technisch immer genau so sehen wie der Ersteller es festgelegt hat, individuelle Manipulation ist nicht möglich. Durch die statische Anzeige kann der Layouter genau festlegen, wie bestimmte Elemente auf der Seite dargestellt werden.[175] Das Dokument kann durch die DRM-Software von Adobe geschützt werden, es gibt aber auch andere Anbieter von DRM-Funktionalitäten, die eingesetzt werden können. Ein großer Vorteil von PDF liegt in der Marktdurchdringung und dem entsprechenden kostenlosen Betrachterprogramm Adobe Reader. Weiters können PDF-Dateien multimedial angereichert werden, in diesem Fall spricht man von Rich-PDFs. Die Ausstattung mit Video- und Bildergalerien ist genauso möglich wie das Integrieren von Navigationsfunktionen und Inhaltsverzeichnissen. Ein weiterer wesentlicher Vorteil ist, dass die Erstellung von PDFs unkompliziert und prinzipiell von jedem bewerkstelligbar ist.[176] Für den Leser ergeben sich aus der *non-reflowable*-Eigenschaft aber gewisse Nachteile. Erstens kann der starre Umbruch zu einem unübersichtlichen Leseerlebnis führen.[177] Zweitens muss bei der Betrachtung eines PDFs auf einem kleinen Display hineingezoomt werden, um das Dokument überhaupt lesen zu können. PDFs sind auch das einzige Format, bei dem der Leser scrollen muss, was als Nachteil gewertet werden kann.[178]

3.6 Weitere Ursachen für Piraterie

Zu den bisher erwähnten Ursachen für Piraterie, wie Kosten, DRM, Verfügbarkeit und die uneinheitlichen Formate, kommen noch eine Reihe begünstigende Faktoren hinzu, die E-Book-Raupkopien fördern. Ein weiterer Punkt ist beispielsweise, dass illegale Angebote unter den Suchergebnissen in Suchmaschinen wie Google häufig besser platziert sind als legale Angebote. Meistens genügt eine kurze Google-Suche nach dem Titel eines Buches mit dem Zusatz »EPUB« oder »PDF« und es wird ein illegaler Download-Link angezeigt, der noch vor einer legalen Kaufmöglichkeit aufscheint. Illegale Seiten scheinen die Technik der Suchmaschinen-Optimierung besser zu beherrschen als viele E-Book-Plattformen, die legalen Content anbieten.

Die illegalen Quellen häufen sich parallel zu der wachsenden Anzahl von E-Book-Readern. Innerhalb der Piraterie-Szene lässt sich eindeutig eine Zunahme illegaler Angebote in Anzahl, Angebot und Nutzerzahlen beobachten.[179] Immer mehr Menschen wissen außerdem um das illegale Angebot. Eine Studie vom kalifornischen Web-Monitoring-Spezialisten Attributor geht nach der Auswertung von Suchprozessen davon aus, dass in den USA im Jahr 2010 jeden Tag 1,5 bis 3 Millionen Menschen explizit nach illegalen E-Books suchten, was im Vergleich zu 2009 einen Anstieg um ganze 50 Prozent bedeutet.[180]

Eine weitere Ursache sieht eine Studie zur E-Book-Piraterie im deutschen Sprachraum in einem Phänomen, das sie »Akkumulationseffekte« benennt. Auf den Warez-Seiten werden oft nicht nur Einzelbücher, sondern ganze Reihen oder Bestsellerlisten zum Download angeboten, was die Sammelwut der User anspricht.[181] Bei Musikdownloads mag es sinnvoll sein, ganze Alben gebündelt auf ein Endgerät zu laden, dutzende Buchtitel auf einmal allerdings werden für den Leser schwer zu bewältigen sein. Die Zahl an Downloads steht zum tatsächlichen Konsum der Literatur in keiner Relation. Grundsätzlich stellt sich der Verdacht ein, dass es oft mehr um das Haben geht und weniger darum, die illegalen E-Books auch tatsächlich zu lesen.

Die genannten Gründe führen insgesamt dazu, dass viele Nutzer auf illegale Angebote ausweichen oder auf diese sogar mangels legaler Alternativen ausweichen müssen. Schlimmer als in der Musikindustrie fördert die Buchbranche regelrecht die Piraterie. Durch die zunehmende private Digitalisierung gibt es bereits viele E-Books von Werken, von denen die Verlage selbst noch keine digitale Version publiziert haben. Dieser Umstand gibt eindeutig Aufschluss darüber, dass viele Verlage nicht genau wissen, wo die Interessen ihrer Kunden tatsächlich liegen.[182]

4. Urheberrecht

4.1. Urheberrecht im deutschsprachigen Raum

Im Februar 2011 wurde im Branchenmagazin *Anzeiger*, herausgegeben vom Hauptverband des Österreichischen Buchhandels, von Vertretern des Verlagswesens, der IG Autorinnen und Autoren und der literarischen Urheberrechtsgesellschaft Literar-Mechana ein Appell publiziert, der darauf abzielt, den Urheberrechtsschutz im digitalen Zeitalter zu einer Priorität zu machen. In der Diskussion rund um E-Books gewinnen Urheberrechtsproblematiken als auch das Spannungsfeld zwischen Rechteinhaber- und Konsumenteninteressen zunehmend an Bedeutung. Im Zuge der Entwicklung des digitalen Geschäfts orten die Unterzeichner der Forderung eine Negierung der Notwendigkeit des Urheberrechts in seiner bisherigen Form als auch eine schleichende Abschaffung dieser Institution, die in Österreich seit dem frühen 20. Jahrhundert die rechtliche Grundlage für die Verwertung geistigen Eigentums darstellt. Heutzutage wird der schranken- und grenzenlose Verkehr urheberrechtlich geschützter Werke laut den Unterzeichnern der Forderung für vorrangig gehalten.[183] Damit wird die Problematik in den Vordergrund gerückt, dass sich im Zuge der Digitalisierung eine Gratis-Kultur etabliert hat, in der Konsumenten es für selbstverständlich halten, sich alles, was sie haben wollen, kostenlos aus dem Internet zu besorgen. Es kann nicht bestritten werden, dass die prävalente Einstellung vieler User darin besteht, für Content im Internet nicht mehr bezahlen zu wollen. Es hat sich die Geisteshaltung entwickelt, dass kulturelle Produkte im Sinne einer Demokratisierung allen kostenfrei zur Verfügung stehen sollten. Dem gegenüber steht ein Urheberrecht, das zunehmend prohibitiver wird und geistiges Eigentum immer vehementer schützt, wie aktuelle Entwicklungen in den USA als auch in Europa zeigen. Im folgenden Kapitel soll daher Augenmerk auf das Urheberrecht gelegt werden, wie es zurzeit im deutsch- und englischsprachigen Raum angewendet wird, als auch auf die Frage, wie geistiges Eigentum im digitalen Zeitalter geschützt werden kann. In der Vergangenheit hätte sich das Internet beinahe als als nahezu rechtsfreier Raum etabliert. Um diesen Entwicklungen entgegenzuwirken, lassen sich heute zahlreiche Bemühungen von staatlicher Seite feststellen, um der »anarchischen Prägung«[184] des Internets beizukommen. In den folgenden Abschnitten sollen daher vor allem die jüngsten Impulse in diese Richtung in den USA und in Europa dargestellt werden.

Was genau ist nun das Urheberrecht, und was sind seine Inhalte? Das Urheberrecht schützt geistiges Eigentum, also Güter immaterieller Natur.[185] Der Schutz des Urheberrechts gilt für alle Werke, die bei dessen Inkrafttreten noch nicht infolge des Ablaufs der Schutzdauer im Ursprungsland gemeinfrei geworden sind.[186] Die Schutzdauer beläuft sich in Europa auf 70 Jahre nach dem Tod des Urhebers.[187] »Urheber eines Werkes ist, wer es geschaffen hat«, besagt das Schöpferprinzip in § 10 Abs. 1 UrhG.[188] Diese zentrale Feststellung als auch die Regelung aller Rechte, die sich daraus ergeben, sind im Urheberrecht enthalten. Das Urheberrecht umfasst künstlerische Werke, wissenschaftliche Literatur, journalistische Beiträge und sämtliche Beiträge der Kreativwirtschaft. Es bezieht sich auf Inhalte als auch auf Objekte und auf schöpferische Werke mit oder ohne künstlerischem Gehalt.[189] Unter Schutz steht grundsätzlich das Werk, welches in § 1 des UrhG als »eigentümliche geistige Schöpfung«[190] definiert wird. Der Schutz von Werken der Literatur ist in § 2 geregelt: Werke der Literatur sind »Sprachwerke aller Art«.[191] Das Urheberrecht regelt die Beziehung von Künstlern und anderen Urhebern mit den Einrichtungen zur Verwertung von Kunst, wie etwa Verlagen. Es legt fest, zu welchen Bedingungen schöpferische Arbeit genutzt und verwertet werden darf und schützt Urheber vor der missbräuchlichen Verwendung ihrer Werke. Das Urheberrecht ist daher das unverzichtbare Rechtsfundament für die vertraglichen Beziehungen zwischen Urhebern und Verwertern und ist somit Voraussetzung für stabile und transparente Produktions- und Vertriebsverhältnisse von künstlerischen Produkten. Zudem sichert es die Lebens- und Existenzgrundlage für Künstler und kunstverwertende Betriebe.[192]

Die wirtschaftliche Bedeutung des geistigen Eigentums ist also ein ganz besonders wichtiger Faktor und ein Hauptgrund dafür, dass Urheberrechtsverletzungen kaum toleriert werden. In den USA wuchs die Wertschöpfung der Copyright-Industrie im Zeitraum 1977–2002 um fast 50 Prozent mehr an als die aller anderen Wirtschaftsbereiche. Etwa drei bis fünf Prozent des Bruttoinlandsprodukts der EU wird auf dem Gebiet des Urheberrechts generiert. Innerhalb der EU sind fast 2,5 Prozent der Beschäftigten im Kulturbereich tätig, in Österreich etwa 120.000 im Jahr 2010. Die aufgrund von Piraterie eingebüßten Arbeitsplätze bezifferte die EU-Kommission 2002 auf 100.000 pro Jahr. In den USA wurden über sechs Prozent des Bruttoinlandsprodukts in den Copyright Industries erwirtschaftet. Diese Branchen beschäftigten 2011 5,1 Millionen Menschen.[193] Allein aufgrund dieser wirtschaftlichen Wachstumsraten ließe sich für eine Verschärfung des Urheberrechts plädieren.[194]

Nichtsdestotrotz musste sich auch das Urheberrecht an die geänderten Anforderungen unserer Zeit anpassen und ist auch weiterhin einem Wandel unterworfen. Fest steht allerdings, dass auch in der Zukunft die Gewährleistung von Eigentum, auch geistigem, seinen festen Platz haben wird. Es dient auch in der digitalen Sphäre der Zuordnung kreativer Leistungen zu ihrem Schöpfer. Befürworter eines liberaleren Urheberrechts im Internet nehmen dabei in Kauf, dass ohne angemessene Schutzrechte der Nachschub an Inhalten nach kurzer Zeit versiegen könnte. Ohne abgesicherte Rechte könnten sich Kreative in Zukunft nicht sicher sein, dass freiwillige Zahlungen ihre Arbeit ausreichend würdigen, sodass ihnen ihre Arbeit lohnend erscheint. Insofern schützt das Urheberrecht auch die Konsumenten selbst.[195]

4.2 Copyright im angloamerikanischen Raum

Das Urheberrecht ist – wie andere Bereiche des Immaterialgüterrechts – international vom Territorialitätsprinzip geprägt, das heißt jedes Land schafft sich seine eigene nationale Urheberrechtsordnung. Dieses Prinzip führt dazu, dass in den verschiedenen Ländern teilweise sehr unterschiedliche Regelungen bestehen. Die Bestrebungen nach einer internationalen Rechtsvereinheitlichung waren bisher nicht erfolgreich, gewinnen im Zeitalter des globalen Datenverkehrs aber verstärkt an Bedeutung.[196] Die Frage, welches Urheberrecht im jeweiligen Streitfall zur Geltung kommt, ist im Schutzlandprinzip geregelt, welches besagt, dass das Urheberrecht sich nach dem Recht des Landes richtet, in dem der Schutz geltend gemacht werden soll – der *lex loci protectionis*.[197]

In den USA sind Urheber durch den Copyright Act of 1976 geschützt, der in der Tradition der britischen Statute of Anne von 1710 steht.[198] Die Statute of Anne ist der Beginn der Theorie vom geistigen Eigentum und gleichzeitig die Wiege des angloamerikanischen Copyright-Systems, die die Rechtsentwicklung in den USA entscheidend geprägt hat. Seit 1976 hat der Copyright Act weitere Modifikationen erfahren, von besonderem Stellenwert ist der Digital Millennium Copyright Act (DMCA) von 1998.[199] Der zentrale Unterschied zwischen dem kontinentaleuropäischen und US-amerikanischen Urheberrecht ist, dass in Europa eine personenbezogene ›droit d'auteur‹-Tradition vorherrscht, wohingegen in den USA das Copyright traditionell als bloßes Eigentumsrecht ohne Persönlichkeitselement begriffen wird.[200] Im angloamerikanischen Raum ist hier also von einem Ansatz auszugehen, der die Person des Urhebers in den Hintergrund und dafür ökonomische Aspekte in den Vordergrund rückt. Das kontinentaleuropäische Urheberrecht sieht die geistig-schöpferische Leistung des Individuums bei der Schaffung eines Werks als zentralen Anknüpfungspunkt. Im angloamerikanischen Raum hingegen bezieht sich das Copyright Law nicht auf eine geistig-schöpferische, sondern auf eine wirtschaftliche Leistung. Der Verleger, der das wirtschaftliche Risiko eingeht, ein Werk zu publizieren, wird durch das Copyright geschützt, die Person des Urhebers ist dabei zweitrangig.[201] Der Schutz des Urhebers basiert nach dem Verständnis des amerikanischen Copyright Law nicht auf einem natürlichen, sondern auf einem vom Gesetzgeber verliehenen Recht. Wie in Kontinentaleuropa bedarf es zum Erwerb des Copyrights keinerlei Einhaltung von Formalia.[202] In Europa kannten frühere Fassungen des Urheberrechts außerdem den Begriff der Werkhöhe. Es wurde davon ausgegangen, dass eine entsprechende Werkhöhe, also ein gewisses Maß an Eigentümlichkeit und Originalität vorhanden sein musste, damit das Werk urheberrechtlich geschützt war.[203] In den USA gab es eine solche Voraussetzung nie – über Copyright verfügen sämtliche Werke, auch jene mit lediglich geringer Individualität. Schutzfähig sind laut amerikanischem Copyright Law § 102 »original works of authorship fixed in any tangible medium of expression«.[204] Zwar wird »at least some minimal degree of creativity«[205] gefordert, die Anforderungen an die Ausprägung dieser Kreativität sind jedoch äußerst gering:»To be sure, the requisite level of creativity is extremely low; even a slight amount will suffice.«[206] Die Frage, ob ein Werk das eben erwähnte Maß an Kreativität erreicht, steht nicht selten in Zusammenhang mit seinem kommerziellen Erfolg. So sprechen in den USA der kommerzielle Wert und Absatzerfolg für die Schutzfähigkeit eines Werkes.[207] Das Urheberrecht im deutschsprachigen Raum orientiert sich zunehmend am amerikanischen Ansatz, das Erfordernis der Werkhöhe tritt also immer mehr in den Hintergrund.[208] Diese fortschreitende Orientierung am amerikanischen Copyright wird hierzulande kritisch betrachtet. Besonders die Übernahme von Aspekten des äußerst umstrittenen DMCA im Zuge der Urheberrechts-Novelle 2002 wird von vielen nicht goutiert, da sie zu unangenehmen Folgen für Urheber und Konsumenten führen könnten. Es wird die Meinung vertreten, dass dem europäischen Urheberrecht zunehmend das Modell des angloamerikanischen Copyrights übergestülpt wird, das nur bedingt mit europäischen Erfordernissen kompatibel ist.[209]

Der DMCA, der seit 1998 in den USA Gültigkeit hat und dessen Ziel es war, das amerikanische Copyright-System für das digitale Zeitalter zu rüsten, war schon vor dessen Inkrafttreten höchst umstritten. Es wurde angeprangert, dass das Gesetz vor allem die Interessen der Medienindustrie schütze und zahlreiche negative Folgen für Meinungsfreiheit und Konsumentenrechte mit sich ziehe.[210] Beim DMCA handelt es sich grundsätzlich um die Umsetzung der Beschlüsse der WIPO[211] Copyright Treaty, die einen wesentlichen Impuls in

Richtung Anpassung nationaler Urheberrechte an die Informationsgesellschaft brachte.[212] Die Grundlage für die WIPO-Verträge wiederum bildete vor allem die Berner Übereinkunft zum Schutz von Werken der Literatur und Kunst von 1886, die zuletzt in Paris 1976 neuerlich revidiert wurde.[213] Die Berner Übereinkunft diente als Brückenschlag zwischen den unterschiedlichen nationalen Urheberrechtsordnungen und war eine der wesentlichen Anstrengungen zur Harmonisierung der internationalen Urheberrechtsgesetze.[214]

Die politische Zielsetzung des DMCA ist primär eine industriefreundliche Gesetzgebung, die Konsumenteninteressen oft außen vor lässt, wie zahlreiche Beispiele beweisen. Eine der wichtigsten Regelungen im Rahmen des DMCA war die in Kapitel 3.3 bereits erwähnte Umgehung von Kopierschutztechniken. Diese *anti-circumvention*-Regelung, die das Umgehen von Maßnahmen, die eine illegale Vervielfältigung eines Werks unter Strafe stellen soll, ist vor allem problematisch hinsichtlich des Ausmaßes an Kontrolle, die sie den Inhabern des Copyrights überträgt. So ist es einem Konsumenten beispielsweise bei Strafe verwehrt, Kopien eines Mediums (das einen Kopierschutz enthält) anzufertigen, auch wenn er dieses legal käuflich erworben hat und besitzt.[215]

Ein weiterer wesentlicher Kritikpunkt gilt dem im DMCA verankerten Takedown-Notice-Verfahren. Das Verfahren bei einer Beschwerde über einen Verstoß gegen das Copyright ist im DMCA genau geregelt. Eine Partei, die ihr Copyright im Internet verletzt sieht, kann mit einer sogenannten Takedown Notice den Dienstanbieter dazu auffordern, das Werk zu entfernen und versichert damit gleichzeitig, das Copyright an diesem Werk zu besitzen. Das wesentliche Problem hierbei ist, dass Takedown Notices oft missbräuchlich verwendet werden. Wenn der Online-Dienstanbieter der Meinung ist, das Werk werde entgegen der Anschuldigung des Beschwerdeführers rechtmäßig verbreitet, muss er einen sehr kostspieligen und zeitintensiven Prozess gegen den Absender der Takedown Notice anstreben. Wenn zudem der Nutzer des Internetdienstes, der das Werk ursprünglich über den Dienstanbieter verbreitet hat, der Meinung ist, das Werk wäre unrechtmäßig entfernt worden, kann er eine sogenannte Counter Notice an den Dienstanbieter richten, der verpflichtet ist, sie der anklagenden Partei weiterzuleiten. Sollte diese nicht binnen 14 Tagen Klage vor Gericht einreichen, so muss der Dienstanbieter den entfernten Inhalt im Netz wiederherstellen.[216] Dieser komplizierte Ablauf soll theoretisch verhindern, dass der DMCA missbraucht wird, um Inhalte ohne rechtliche Grundlage aus dem Netz zu entfernen, zumal der Beschwerdeführer dem Dienstanbieter gegenüber zu Schadenersatz verpflichtet ist, sollte sich die Takedown Notice als unbegründet herausstellen. In der Praxis hat sich diese Vorgehensweise allerdings nicht bewährt, und Dienstanbieter sehen sich zuhauf mit Beschwerden konfrontiert, denen sie nur mit einem mit sehr viel Zeit und Geld verbundenen Widerspruch entgegnen können. Zunächst ist nämlich die Frage, ob ein Werk tatsächlich durch das Copyright geschützte Bestandteile einer Partei enthält, äußerst streitbar, wie folgende Beispiele demonstrieren:[217]

The film *Twelve Monkeys*[218] was stopped by a court twenty-eight days after its release because an artist claimed a chair in the movie resembled a sketch of a piece of furniture that he had designed. The movie *Batman Forever*[219] was threatened because the Batmobile drove through an allegedly copyrighted courtyard and the original architect demanded money before the film could be released. In 1998, a judge stopped the release of *The Devil's Advocate*[220] for two days because a sculptor claimed his art was used in the background.[221]

Hinzu kommt die Problematik, dass ein Takedown-Verfahren aufgrund der damit verbundenen Kosten so gut wie nur von großen Unternehmen und Organisationen mit ähnlich umfangreichen finanziellen Mitteln angestrengt werden kann. Das kann dazu führen, dass der DMCA als Waffe zur Unterdrückung von Meinungsäußerungen im Internet missbraucht wird. Äußert sich nämlich eine Privatperson negativ über eine bestimmte Organisation, wird es für sie kaum möglich sein, sich einem kostspieligen Rechtsstreit auszusetzen, wenn gegen sie eine Takedown Notice der angegriffenen Partei angestrebt wird, auch wenn sie letztendlich Recht bekommen würde.[222] Anhand des DMCA lässt sich also eindrücklich zeigen, dass ein restriktiveres Copyright nicht ausnahmslos positiv zu beurteilen ist. Oft wird es dazu instrumentalisiert, andere Anliegen durchzusetzen und Meinungsfreiheit und Konsumenteninteressen zu unterdrücken.[223]

Eine weitere wichtige Besonderheit des US-amerikanischen Copyright Law ist dessen wohl bedeutendste Schranke – die *fair use doctrine*. Diese gestattet unter gewissen Voraussetzungen eine verletzende Nutzung von Werken ohne die Zustimmung des Copyright-Inhabers. Die Existenz solch einer Regelung macht deutlich, dass dem Copyright-Inhaber kein Monopol an seinem Werk zugestanden werden soll. Die Regelung fand erstmals mit dem Copyright Act von 1976 Eingang in das Urheberrechtssystem der USA. *Fair use* sollte vor allem dann zum Einsatz kommen, wenn eine rigide Anwendung der Exklusivrechte zu einem Ersticken der Kreativität führen würde und der wissenschaftliche und kulturelle Fortschritt gefährdet wäre. Wann eine Handlung allerdings als *fair use* einzustufen ist und was *fair use* überhaupt genau ist, ist nicht klar definiert. Eine eindeutige Definition wurde vom Gesetzgeber auch nicht angestrebt. *Fair use* kann zwar in der Nutzung eines Werkes zum Zweck der Kritik, der Kommentierung, des Berichtens von Nachrichten, des Unterrichtens, der Wissenschaft und Forschung gesehen werden, die Aufzählung wurde aber bewusst nicht abschließend gestaltet. Es wurden vier Faktoren definiert, die bei der Bestimmung der Frage nach *fair use* bei der Rechtsprechung berücksichtigt werden müssen:[224]

(1) Zweck und Charakter der Nutzung, einschließlich der Frage, ob die Nutzung kommerzieller Natur ist oder nichtkommerziellen Ausbildungszwecken dient; (2) die Natur des geschützten Werkes; (3) die quantitative und qualitative Bedeutung des genutzten Teils des geschützten Werkes im Verhältnis zum Werk als Ganzem; (4) die Auswirkung der Nutzung auf den potentiellen Markt oder den Wert des geschützten Werkes.[225]

Die Frage, ob *fair use* vorliegt, erfordert also eine gründliche einzelfallsbezogene Interessensabwägung zwischen den Schutz- und Verwertungsinteressen des Urhebers auf der einen Seite und den Nutzungsinteressen auf der anderen Seite. Maßgeblich ist dabei der Grundsatz der Verhältnismäßigkeit.[226]

4.3 Google Book Search

Wie problematisch Fragen, die den Schutz des Urheberrechts im Zusammenhang mit der fortschreitenden Digitalisierung betreffen, geworden sind, zeigen vor allem die Streitigkeiten rund um Buchdigitalisierungsprojekte. Hier soll einer der prominentesten Streitfälle der vergangenen Jahre betrachtet werden.

Der langwierige Rechtsstreit um Google Book Search, das äußerst ambitionierte Buchdigitalisierungsprojekt des Google-Konzerns, ist ein eindrückliches Beispiel für die Weitläufigkeit und Komplexität, die Urheberrechtsstreitigkeiten im World Wide Web annehmen können. Die Auseinandersetzung beschäftigt die Buchwelt seit Jahren und ist mittlerweile zu einem juristischen Lehrstück geworden.[227] Googles ursprüngliches Vorhaben, eine umfassende Online-Bibliothek zu schaffen und das in Büchern enthaltene Wissen unentgeltlich online für jeden zugänglich zu machen, stieß auf vehementen Widerstand auf Seiten der Verleger und Autoren in den USA als auch in Europa. Das Vorhaben wurde 2004 unter dem Namen Google Print im Rahmen der Frankfurter Buchmesse der Öffentlichkeit vorgestellt und 2005 in Google Book Search unbenannt.[228] Es machte sich die Fahndung nach unerschlossenen Datenbergen, die durch Digitalisierung der Online-Recherche zugänglich gemacht werden sollen, zum Ziel.[229] Google beschränkte sich bei seiner Google Book Search nicht auf eine bloße Indexierung von bestehenden Inhalten des Internets, sondern griff auf Inhalte außerhalb des World Wide Web zurück, die eigens zum Zweck der Durchsuchbarkeit ins Internet überführt wurden.[230] Menschen sollten von ihrem PC aus auf die vollständigen Texte der Bücher zugreifen können und der Besuch einer Bibliothek sollte obsolet werden. Von Büchern, die noch urheberrechtlich geschützt waren, würden die Nutzer nur Auszüge (sogenannte *Snippets*) zu sehen bekommen, aber im gesamten Text eine Volltextsuche durchführen können.[231] Es wurden in Folge Verträge mit diversen Bibliotheken abgeschlossen, um die Digitalisierung realisieren zu können. Das Projekt war auch hinsichtlich des technischen Aufwands bemerkenswert: 15 Millionen Bände aus den Beständen bedeutender Universitätsbibliotheken sollten gescannt werden. Bald kamen Kooperationsbibliotheken aus der ganzen Welt hinzu.[232] Dabei hatte Google aber einen wesentlichen Punkt ignoriert: Abgesehen von der Zustimmung der

66

Bibliotheken zum Scannen der Bücher war auch das explizite Einverständnis der einzelnen Verlage und Autoren, welche die Rechte an den Werken besaßen, erforderlich.[233] Das wesentliche Problem bei Googles Bibliotheksprojekt war also, dass zwar die Bibliotheken, nicht jedoch die Urheber der Werke um Erlaubnis gefragt wurden.[234] Das ursprüngliche Vorhaben des Konzerns, nur Werke, deren Schutzfrist bereits abgelaufen war, zu digitalisieren, wurde von Google nämlich nicht eingehalten.[235] Was sind die Gründe dafür, dass Google wissentlich auf eine Einholung der Rechte verzichtet hat? Zum einen ist das Auffinden des Urhebers nicht immer möglich. Das ist beispielsweise der Fall bei vergriffenen oder verwaisten Büchern (*orphan works*),[236] deren Urheber als unauffindbar gelten, weil entweder der Verlag nicht mehr existiert oder die Erben verschollen sind.[237] Zum anderen wäre die Einholung aller Einwilligungen bei einem Projekt dieser Größenordnung zu zeit- und kostenintensiv. Nicht nur die Determination, ob die Schutzfrist eines Werkes bereits abgelaufen ist (die Bestimmung der Schutzdauer ist von zahlreichen Faktoren abhängig), gestaltet sich nicht immer einfach, sondern auch die internationale Dimension des Projekts verkompliziert die Einholung der Rechte wesentlich.[238] Der Inhalt dieser noch urheberrechtlich geschützten Bücher wurde zwar auf Google Books nicht zur Gänze online zur Verfügung gestellt, aber alleine die Auszüge und vor allem die Volltextsuche sind ohne vertragliche Genehmigung von Verlagen und Autoren in dieser Form nicht zulässig.[239] Nur Werke, die sich zweifelsfrei der *public domain* zuordnen lassen, werden von Google in ihrer Vollständigkeit angezeigt.[240] Auf der einen Seite hat ein solches Projekt den Vorteil, dass viele Bücher zugänglich gemacht werden, an die man sonst schwer herankommt, auf der anderen Seite kann ein Monopol Googles über diese Werke sicherlich nicht angestrebt werden.[241] Ergänzend ist allerdings zu erwähnen, dass die Aufnahme eines Titels in Google Books nicht nur Nachteile für die Verlage mit sich bringt, weshalb auch manche Verlage willentlich am *Google Books Partner Program* partizipieren. Dabei werden Google durch den Verlag Titel zur Digitalisierung bereitgestellt, im Gegenzug erhoffen sich die Verlage dadurch potenzielle Kunden. Gibt ein Nutzer der Google-Suchmaschine nämlich Suchbegriffe ein, die in einem Buch des Verlegers vorkommen, so wird als Suchergebnis eine Seite aus dem jeweiligen Werk mit einem direkten Link zu einer Kaufmöglichkeit angezeigt. Zwar zahlt Google kein Entgelt für eine Teilnahme am Programm, jedoch werden auf der Website, auf der Auszüge aus dem Werk angezeigt werden, sogenannte contentbezogene Anzeigen geschaltet. Klickt ein Nutzer auf eine Werbeanzeige, wird dem Verlag oder Autor ein gewisser Betrag ausbezahlt.[242] Google gewährt Urhebern durch das Opt-out-Prinzip außerdem das Recht, Inhalte aus der Google Book Search entfernen zu lassen, wenn diese das wünschen.[243]

Eine interessante Frage in diesem Zusammenhang ist, warum eine E-Book-Plattform wie libreka! beispielsweise urheberrechtlich geschütztes Material durch Volltextsuche zugänglich machen darf und der Google Book Search ein solches Vorgehen verwehrt wird. Der Unterschied liegt in der Umsetzung der jeweiligen Vorhaben. Bei libreka! werden die digitalen Volltextdateien nämlich dezentral auf Servern der mitwirkenden Verlage gespeichert, was dazu führt, dass diese jederzeit die Kontrolle darüber haben, welcher Titel in welchem Umfang zugänglich gemacht wird. Libreka! hat durch den Nutzungsvertrag außerdem einen verlässlichen rechtlichen Rahmen geschaffen, der dem Unternehmen ein solches Vorgehen gewährt.[244]

68

4.3.1 Rechtliche Konsequenzen

Der Widerstand gegen das Vorgehen von Google gipfelte 2005 in zwei Sammelklagen der Authors Guild[245] als auch der Association of American Publishers (AAP) gegen das Unternehmen und beteiligte Bibliotheken,[246] die später zu einer *class action*, einer Gruppenklage, zusammengefasst wurden, um den Streitfall insgesamt und für alle einheitlich zu klären.[247] Der Vorwurf:»massive copyright infringement«.[248] Das Resultat dieser gerichtlichen Anstrengungen war ein im Oktober 2008 im New Yorker District Court eingereichter Vergleichsvorschlag zwischen den streitführenden Parteien, das vieldiskutierte Google Book Settlement. Google erklärte sich darin unter anderem zu einer Entschädigungszahlung (von 60 Dollar pro Buch[249]) für durch die unerlaubte Bereitstellung digitaler Inhalte bereits Geschädigte und zur Übernahme der Verfahrenskosten bereit. Im Gegenzug dafür sollte dem Konzern zugestanden werden, das Projekt ungehindert fortzuführen. Ein solcher Vergleich war freilich nicht akzeptabel, da er gegen sämtliche Prinzipien des Urheberrechts verstößt.[250] Der Vergleich zielt darauf ab, ohne Zustimmung der Rechteinhaber auf privatrechtlicher Grundlage urheberrechtliche Regelungen zu treffen, die eigentlich Sache des Gesetzgebers wären.[251] Der Vergleich würde den Urheber seines Rechts berauben, über das Ob und Wie der Nutzung seines Werks selbst zu entscheiden. Durch die Opt-out-Regelung würde das Grundprinzip verkehrt, auf dem alle internationalen Regelwerke zum Urheberrecht fußen.[252] Außerdem würde er bedeuten, dass sich Google durch eine Pauschalzahlung von insgesamt 125 Millionen Dollar[253] über das Urheberrecht hinwegsetzen kann. Das Settlement wurde langwierig und kontrovers diskutiert – 2009 auch eine Neufassung, das Amended Google Book Settlement eingereicht –, bis am 22. März 2011 der zuständige New Yorker Richter Denny Chin dem einen vorläufigen Schlusspunkt setzte und die Vereinbarung zurückwies. Er berief sich dabei auf das fundamentale Recht des Urhebers, dass nichts ohne dessen Zustimmung geschehen dürfe, und dieses Recht sei missachtet worden.[254] Der Vergleich sei weder fair noch angemessen, da er Google entscheidende Vorteile gegenüber Mitbewerbern verschaffen und das Unternehmen so dafür belohnen würde, Werke ohne Erlaubnis eingescannt zu haben.[255] Während andere Mitbewerber den mühsamen und teuren Prozess der Rechteeinholung eingehalten haben, scannte Google über Jahre hinweg ohne Zustimmung der Rechteinhaber Bücher – inklusive verwaister oder vom Rechteinhaber nicht beanspruchter – nach dem Motto »so, sue me!« ein.[256] Google war auf etwaige rechtliche Schritte gegen das Projekt nämlich schon früh gefasst. So erklärte sich Google gegenüber den kooperierenden Bibliotheken bereit, alle Kosten, die ihnen durch Klagen wegen der Digitalisierung ihrer Bücher entstehen, zu erstatten.[257] Außerdem hätte der Konzern durch das Settlement ein De-facto-Monopol in der Verwertung digitaler Bücher erlangt. Abschließend schlug Chin die Umwandlung des Settlements von einem Opt-out-Modell (bei dem Google ohne Abstimmung mit dem Rechteinhaber scannt – diese können nur im Nachhinein ihre Titel aus dem Programm entfernen lassen) in ein Opt-in-Modell[258] vor, bei der die Rechteinhaber vor jeder Nutzung durch Google Books um ihr Einverständnis gebeten werden müssen. Darüber hinaus fügte der Richter hinzu, dass vor allem den Einsprüchen aus dem Ausland im Rahmen des Settlements nicht genügend Rechnung getragen wurde – im Vorfeld hatten viele Vertreter der europäischen Buchbranche Einspruch erhoben. Diese Entscheidung gilt als Meilenstein für die Verteidigung von geistigem Eigentum im

Internet. Sie zeigt vor allem, dass kein noch so großer Player künftig das Urheberrecht missachten oder verletzen darf.[259] Die Entscheidung ist auch insofern interessant, als sie der Ausnutzung des Fair-use-Prinzips, zumindest in diesem konkreten Fall, einen Riegel vorschiebt. Google hatte sich vehement auf die Doktrin berufen, um das Digitalisierungsprojekt zu legitimieren. Der entscheidende Faktor, der *fair use* in diesem Fall ausschließt, sind die internationalen Dimensionen des Projekts. Kontinentaleuropäische Urheberrechtsgesetze kennen kein *fair use*. Zwar kommt aufgrund des Territorialprinzips nur jenes Urheberrecht zur Anwendung, in dem sich die Urheberrechtsverletzung zugetragen hat (in diesem Fall die USA), dennoch sind die Suchresultate der Google Book Search auch in Ländern aufrufbar, in denen es *fair use* nicht gibt.[260]

4.4 Aktuelle Entwicklungen

4.4.1 In den USA: SOPA / PIPA

Parallel zur Steigerung der illegalen Aktivitäten im digitalen Raum werden Initiativen, prohibitivere Gesetze gegen Urheberrechtsverletzungen im Internet zu erwirken, immer zahlreicher. Weltweit sorgten vehemente Proteste gegen die umstrittenen amerikanischen Antipiraterie-Gesetze SOPA (*Stop Online Piracy Act*) und PIPA (*Protect IP Act*), die im Oktober 2011 vorgebracht wurden, für Aufsehen.

Die beiden Gesetzesentwürfe zielen primär darauf ab, die Urheberrechte der amerikanischen Musik- und Filmindustrie effektiver zu schützen. Die treibenden Kräfte sind Lobbyisten der Unterhaltungsindustrie. Sie unterstützten jene Senatoren mit großzügigen Wahlkampfspenden, die die Vorlage befürworteten.[261] Im Gesetztestext ist das naturgemäß so nicht zu

lesen, vielmehr wäre das primäre Ziel der Initiativen »to pro-
mote prosperity, creativity, entrepreneurship, and innovation
by combating the theft of U.S. property [...]«.[262] SOPA und
PIPA sollten vor allem ausländischen Websites, die urheberrechtlich geschützte Inhalte wie Musik und Filme, aber auch
gefälschte Konsumgüter vertreiben, Einhalt gebieten. Diese
Intention der Gesetze wurde zwar von den zahlreichen Protes-
tanten befürwortet, die scharfe Kritik richtete sich allerdings
gegen die für ungeeignet gehaltene Umsetzung und vor allem
gegen deren Implikationen für Internetnutzer und -dienste.[263]

Das zentrale Problem ist, dass SOPA und PIPA die offene
Struktur des Internets grundlegend gefährden würden. Außerdem gäben sie Rechteinhabern ein Übermaß an Kontrolle über
Medien und Konsumenten, die einer Zensur des Internets
durch die Branchenverbände gleichkäme.[264] Im SOPA-Gesetz-
zestext ist zu lesen: Eine Website wird dann als »foreign inf-
ringing site«[265] eingestuft, wenn »the owner or operator of
such Internet site is committing or facilitating the commission of criminal violations [...]«.[266] Solche Seiten könnten von
der US-Generalstaatsanwaltschaft mit folgenden Maßnahmen
belegt werden: Internetprovider müssten den Zugang blockieren, Suchmaschinen sämtliche Verweise (Links) auf entsprechenden Seiten aus ihren Indizes entfernen, und Anzeigen-
werbungsnetzwerke sowie Zahlungsdienstleister wie *PayPal*
müssten ihre Geschäftsbeziehungen zu den betreffenden Seiten abbrechen. Diese Regelung ließe sich leicht missbrauchen,
um Seiten mit missliebigen Inhalten verschwinden zu lassen,
unliebsame Konkurrenz vom amerikanischen Markt auszu-
schließen oder ganze Web-Unternehmen finanziell auszuhun-
gern, indem ihnen die finanzielle Grundlage entzogen wird.[267]

Wen eine solche Gesetzgebung besonders hart träfe,
sind Websites, die *user-generated content* anbieten, wie etwa

YouTube. Das Gesetz sieht nämlich vor, dass Sites, die primär gestaltet oder betrieben werden, um Dienste anzubieten, die Urheberrechtsverletzungen entweder beinhalten, ermöglichen oder erleichtern, von Klagen und Sperrverfügungen bedroht wären.[268] Diese Seiten sähen sich starkem Druck ausgesetzt, die Inhalte, die ihre User ins Netz stellen, vorab zu überwachen und zu zensieren. Das grundlegende Problem ist, dass – würden SOPA und PIPA greifen – Websites in ihrer Vollständigkeit gesperrt würden, nicht bloß jene Teile, die urheberrechtlich geschütztes Material enthalten.[269] Eine solche Gesetzgebung würde Social-Media-Angebote wie Facebook oder Twitter nahezu unmöglich machen.[270]

Ein ordnungsgemäßes juristisches Verfahren wird außerdem ausgehebelt. Betreiber von im Ausland betriebenen Websites müssten von gegen sie erwirkten Sperrverfügungen nicht einmal benachrichtigt werden. Sie würden erst dann feststellen, dass sie betroffen sind, wenn Zahlungsdienstleister ihre Dienste verweigern oder Anzeigen auf ihrer Website verschwinden. SOPA in seiner aktuellen Form ermutigt amerikanische Unternehmen und Branchenverbände der Unterhaltungsindustrie, ausländische Websites zu blockieren, von denen die Inhaber des Urheberrechts behaupten, dass sie illegal sind, auch wenn die angegriffene Seite keine Möglichkeit hat, das Gegenteil zu beweisen.[271] Die Gesetzesentwürfe können weiters dazu führen, dass Internetnutzer kriminalisiert werden, weil sie eine völlig neue Definition von kriminellen Urheberrechtsverletzungen enthalten. So würden Personen, die ein Video eines nachgesungenen Popsongs auf *YouTube* stellen, einer engen Auslegung von SOPA zufolge in krimineller Weise Urheberrechte verletzen.[272]

Wie genau die Internetprovider künftig das Internet von Urheberrechtsverletzungen frei halten sollen, ist noch höchst

73

umstritten.[273] Das PIPA-Gesetz zielt auf das DNS (Domain Name System) ab. In DNS-Servern werden die IP-Adressen, die für die Abfrage einer Website unverzichtbar sind, gespeichert. Werden diese von dort gelöscht, ist es nicht mehr möglich, auf eine Seite zuzugreifen. Statt des Inhalts einer Webpage würden Nutzer die folgende Meldung zu sehen bekommen:[274]

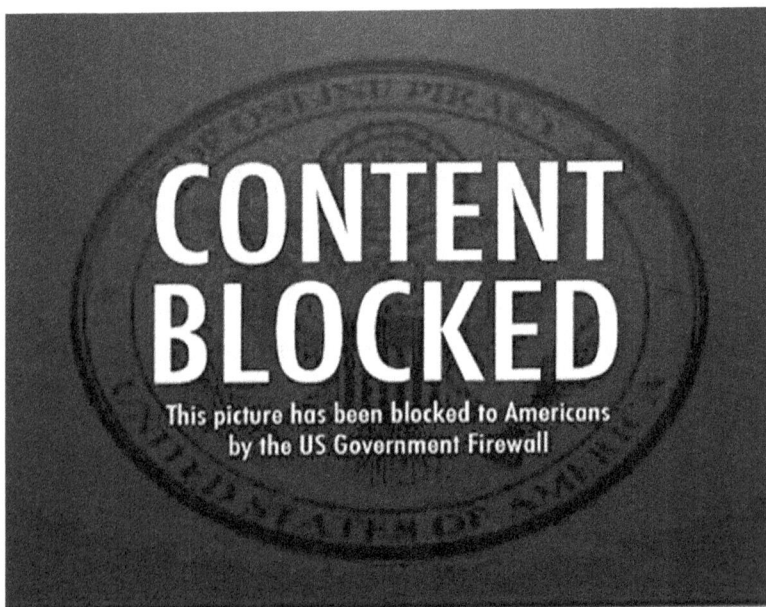

Abbildung 4: SOPA-Netzsperre[275]

Das SOPA-Gesetz geht noch einen Schritt weiter. Mit SOPA möchte man nicht erst die betreffende Website sperren, sondern bereits beim Internet Service Provider überwachen und blockieren. Hierzu müssten die Websites, die ein Nutzer aufruft, protokolliert und auch deren Inhalte auf Urheberrechtsverstöße geprüft werden. Wird ein Verstoß detektiert, müsste der Provider sich verpflichten, jede ihm mögliche Maßnahme zu ergreifen, damit die Seite von den USA aus nicht mehr zugreifbar ist. Die Folge wäre nicht nur eine Totalüberwachung der Nutzer, sondern auch eine Zensur des Internets und ein vollkommener Verlust der Anonymität.[276] Eine ähnliche Zensur-Infrastruktur nutzt bereits die Volksrepublik China, um die Bevölkerung davon abzuhalten, kritische und nicht regierungskonforme Inhalte aus dem Ausland aufzurufen.[277]

SOPA und PIPA stehen nicht nur im Widerspruch zum partizipativen sozialen Netz, zu dem sich das Internet in jüngster Vergangenheit gewandelt hat, sondern interessanterweise auch zur aktuellen Rechtssprechung in Deutschland. Laut einem Urteil des Bundesgerichtshofs vom Oktober 2010 ist das Setzen von Links – auch wenn diese auf Seiten führen, die urheberrechtlich geschütztes Material beinhalten – nicht unter Strafe zu stellen. Ein solches Vorgehen unterläge nämlich nicht nur der Pressefreiheit, sondern auch der Meinungsfreiheit.[278]

Besonders die drastischen Vorgehensweisen und die Gefährdung der offenen Struktur des Internets stießen auf heftigen weltweiten Widerstand. Zahlreiche Websites hatten ihre Inhalte geschwärzt oder Petitionen ins Leben gerufen, um so gegen die Gesetzesvorhaben zu protestieren.[279] Wikipedia als prominentes Beispiel antwortete mit einer 24-Stunden-Selbstzensur.[280] Durch die massiven Proteste wurde die Abstimmung über die Gesetzesentwürfe bis auf Weiteres vertagt. Angesichts des Widerstands war nicht mehr damit zu rechnen, dass die Vorlage beim Senat auf die nötige Anzahl von Stimmen gekommen wäre.[281]

4.4.2 In Europa: ACTA

Auch in Europa sorgte eine Initiative zur Verschärfung des Urheberrechts im Internet für Aufsehen. Durch ACTA (Anti-Counterfeiting Trade Agreement), ein multilaterales Handelsabkommen, sollen internationale Standards im Kampf gegen Produktpiraterie und Urheberrechtsverletzungen etabliert und ein besserer Schutz des Marken-, Patent- und Urheberrechts gewährleistet werden. Seit 2007 finden die Verhandlungen zum ACTA-Abkommen weitgehend unter Ausschluss der Öffentlichkeit statt.[282] Von 2008 bis 2010 wurden die Verhandlungen intensiv von Interessensgruppen wie den Branchenverbänden der Film- und Musikindustrie begleitet.[283] Hinter ACTA stehen die weltweit größten Industrienationen wie die USA, Kanada, Japan und die Staaten der EU, vertreten durch die EU-Kommission. Insgesamt sind 39 Staaten an dem Abkommen beteiligt.[284] Im Dezember 2011 gab der EU-Ministerrat seine Zustimmung zu ACTA.[285]

Ziel von ACTA ist es, im Rahmen einer internationalen Kooperation eine Abstimmung des Gesetzesvollzugs und die Schaffung neuer Gesetze zur Verwertung und Sicherung geistigen Eigentums zu erreichen, um effektiver gegen Produktpiraterie vorgehen zu können. Um Urheberrechtsverletzungen zu vermeiden, wurde diskutiert, dass Internet Service Provider hinkünftig verschärften Regelungen unterstehen sollen. Zur Debatte standen unter anderem auch Internetsperren aufgrund von Rechtsverletzungen. Durch diese Maßnahmen, die als Three-Strikes-Out-Modell bekannt wurde, soll gegen Wiederholungstäter beispielsweise bei Urheberrechtsverletzungen durch Filesharing vorgegangen werden. Bei einem dreimaligen Vergehen soll dann mit diversen Maßnahmen bis hin zur Sperre des Internetzugriffs reagiert werden. Viele

Staaten sprachen sich eindrücklich gegen eine solche Regelung aus, den Verhandlungspartnern wird jedoch vorgeworfen, Three-Strikes-Out durch die Hintertür durchsetzen zu wollen.[286] Im endgültigen Vertragstext sind Netzsperren zwar nicht mehr explizit vorgeschrieben, die betreffenden Passagen formulieren aber eine vage Absichtserklärung, Internetprovider zu mehr Überwachung zu bewegen.[287]

In Zusammenhang mit ACTA wird auch diskutiert, ab welcher Größenordnung die Verstöße zu verfolgen sind. Hierzu wurde im ACTA-Abkommen die Schwelle der »kommerziellen Größenordnung« aufgenommen. Diese Schwelle soll schon erreicht sein, wenn »eine signifikante, absichtliche Verletzung von Urheberrechten vorliegt, die auch ohne direkte oder indirekte Gewinnerzielungsabsicht erfolgt«.[288] Es ist laut ACTA also schon die einmalige Nutzung einer Tauschbörse als »large-scale infringement of IPR«[289] anzusehen. Diese Ansicht wird von Kritikern als zu extrem wahrgenommen. Die EU-Kommission will der Öffentlichkeit versichern: »ACTA is about tackling large-scale criminal activity. It is not about limiting civil liberties or harassing consumers.«[290] Das wird von Kritikern allerdings so nicht wahrgenommen. ACTA sieht drastische Ahndungen von Urheberrechtsverletzungen vor, die bestenfalls als marginal zu bewerten sind.

Kritikern des Abkommens geht ACTA nicht nur entschieden zu weit, es wird auch scharf kritisiert, dass die Verhandlungen für die Öffentlichkeit nicht transparent geführt wurden.[291] Der aktuelle Vertragstext ist zwar seit Ende 2011 auf den Seiten der EU-Kommission abrufbar,[292] die Entwürfe des Vertrags, über die jahrelang verhandelt wurde, wurden allerdings nicht veröffentlicht. Dieses Vorgehen führte dazu, dass immer wieder ACTA-Entwürfe enthüllt wurden, die auf vehemente Kritik stießen und schließlich keinen Eingang in den endgültigen

Gesetzestext fanden.[293] Befürchtet wird von Kritikern auch die Kooperation zwischen Rechteinhabern und Providern bei der Bekämpfung von Raubkopien, ohne dass rechtsstaatliche Verfahren zum Tragen kommen. Außerdem werden Datenschutzbedenken geäußert, da Provider dazu gezwungen werden könnten, umfangreiche Daten ihrer Kunden zu speichern und weiterzugeben.[294] Das würde bedeuten, dass Behörden Provider dazu zwingen könnten, Kundendaten an klagende Parteien zu übermitteln, wenn diese ihre Rechte verletzt sehen. Die Vereinigung der Österreichischen Internet Service Provider (ISPA), wehrt sich vehement dagegen, »als Hilfssheriffs zur Vollstreckung staatlicher Aufgaben« in die Pflicht genommen zu werden.[295]

Als Reaktion auf das Abkommen gingen im Februar 2012 europaweit hunderttausende Menschen auf die Straße, um zu protestieren. Die Proteste gegen ACTA zeigten Wirkung. Mehrere Regierungen wie die in Polen, Tschechien, Lettland, der Slowakei und Deutschland erklärten angesichts des Ausmaßes der Proteste, den Ratifizierungsprozess zu stoppen.[296]

4.5 Interessenskonflikte

Die Diskussionen rund um SOPA, PIPA und ACTA zeigen, dass die Bestrebungen immer mehr in Richtung einer totalitären Struktur im Internet gehen und dass die großen Konzerne und Interessensverbände der Piraterie ganz klar den Kampf ansagen und sich dabei die nötige Unterstützung bei der Politik holen. In diesem Zusammenhang ist es interessant, ein Phänomen zu betrachten, über welches ebenjene Industrielobbyisten ungern reden. Es gibt nämlich immer wieder einmal Hinweise darauf, dass genau die Aktanten, gegen die der digitale Krieg geführt wird – die Streamer und Downloader –, der Kreativindustrie weitaus weniger schaden als angenommen. Die Musik- und Filmindustrie erlebt gerade das Phänomen, dass es zwar durchaus möglich ist, mit Klagen und Drohungen gegen illegale Tauschportale und raubkopierende Nutzer vorzugehen, muss dabei aber gleichzeitig feststellen, dass diese Klagen niemanden dazu bewegen, tatsächlich mehr Musik oder Filme zu kaufen. Genau der umgekehrte Fall scheint wahr zu sein: Nutzer illegaler Angebote scheinen letztlich sogar mehr Geld für Filme und Musik auszugeben, als jene, die nicht tauschen und streamen.[297] Eine Studie der Gesellschaft für Konsumforschung (GfK) kam zu dem Ergebnis, dass Internetuser, die oft illegale Streaming-Angebote wie das der inzwischen geschlossenen Website kino.to[298] nutzen, deutlich mehr Geld für Kinokarten und DVDs ausgeben. Die Studie wurde allerdings bislang nicht publiziert. Über die vermeintlichen Auftraggeber der Untersuchung konnte die GfK auch keine Auskunft erteilen.[299] Eine Analyse des Verhaltens von Streaming-Service-Nutzern gab an, dass die meisten User den illegalen Content nur als eine Art Vorschau betrachteten. Gefiel ihnen der Film, kauften sie im Anschluss DVD oder Kinokarte. Es liegt nahe, dass ein ähnliches Verhalten auch auf Konsumenten anderer Medien wie E-Books zutrifft. Der Kreuzzug gegen die Seite kino.to, so wird spekuliert, wird also nur zum Teil im Namen der Wahrung von Urheberrechten geführt. Wahrscheinlicher ist eher, dass das Vorgehen gegen die Seite nicht zuletzt mit dem Ausschalten von Konkurrenz zu tun hatte, da die Filmbranche an eigenen, ähnlichen Angeboten feilt.[300]

Die Ergebnisse der unveröffentlichten Studie geben auch einen Hinweis darauf, was Kritiker von schärferen Urheberrechtsgesetzgebungen ahnen. Nämlich dass hinter den vehementen Initiativen zur Wahrung von Recht und Ordnung im digitalen Raum noch eine weitere Wahrheit steckt. Sascha Lobo, ein prominenter deutscher Blogger, Autor und Internetaktivist formuliert in seiner Kolumne zur Internetpolitik im Magazin *Der Spiegel* seine These folgendermaßen aus. Die Unterhaltungsbranche nehme lieber den Kampf gegen das Netz auf, als sich selbst um funktionierende Geschäftsmodelle zu kümmern, die von den Konsumenten so gut angenommen werden wie die illegalen Angebote.[301] Die unangenehme Wahrheit ist nämlich, dass Nutzer von illegalen Seiten oftmals nicht die von der Industrie propagierten Vertreter der Alles-Gratis-Kultur sind, die nicht mehr bereit sind, für Content zu bezahlen. Sie bezahlen sehr wohl – nur nicht für die legalen Angebote, die die Unterhaltungsindustrie anzubieten hat. Lobo bringt das Problem betreffend die Filmindustrie auf den Punkt:

> Dass man von tollen neuen Filmen liest, diese dann aber über Monate nicht legal erwerben kann, ist nicht nur die dämlichste aller Zumutungen der Filmindustrie, sondern auch entgangener Umsatz.[302]

Den Umsatz, den holen sich dann die illegalen Streaming- und Download-Seiten, die den Konsumenten genau das anbieten, was sie wollen: Filme zeitnah am Erscheinungsdatum. Der Fall des mittlerweile geschlossenen Sharehosters Megaupload scheint zu bestätigen, dass sogar die als Piraten geschmähten Downloader bereit sind, Geld für Inhalte zu bezahlen. Mit sogenannten Premiumzugängen, die unter anderem ein schnelleres Downloaden ermöglichten, verdiente Megaupload viel Geld.[303] Lobo ist also der Überzeugung, dass

> alles urheberrechtliche Streben im Digitalen [...] sich zusammenstreichen [lässt] auf eine simple Frage: Bezahlt jemand Geld

für Kulturprodukte im Netz? Die Antwort steht in den meisten Kulturbereichen seit Jahren fest und lautet ja. Die überwiegende Mehrheit der erwachsenen Nutzer ist unter bestimmten Umständen bereit, für digitale Kulturprodukte zu bezahlen, jedes Jahr steigen die entsprechenden Zahlen. Dahinein müsste alle Kraft der Inhalte-Verwerter fließen: Die Leute im Netz bezahlen doch schon, optimiert diesen Prozess wie ungefähr alle Industrien auch![304]

Bislang geht die Unterhaltungsbranche noch von dem Ansatz aus, das Internet müsste sich ihren Geschäftsmodellen beugen, auch wenn die digitale Realität anders aussieht.[305] Um Geschäftseinbrüche zu vermeiden, täte sie aber wahrscheinlich gut daran, auf die Bedürfnisse ihrer Konsumenten zuzugehen und ihnen zu geben, was sie wollen, statt ihnen aufzuzwingen, was sie nicht wollen.

5. Piraterie

5.1 Grundlagen, Begriffe und Formen der Piraterie

Die illegale Vervielfältigung und Verbreitung von Produkten der Buch-, Musik-, Video- und Softwareindustrie hat sich in den letzten Jahren zu einem Massenphänomen entwickelt. Insbesondere die fortschreitende Digitalisierung des Internets haben dazu geführt, dass einerseits neuartige Piraterieformen wie das Filesharing entstanden sind und andererseits seit langer Zeit etablierte Piraterieformen wie die Herstellung und das Geschäft mit Raubkopien eine neue Qualität und Quantität erreicht haben. So können Raubkopien mittlerweile mit geringem technischen und finanziellen Aufwand und ohne maßgeblichen Qualitätsverlust gegenüber der Kopievorlage hergestellt und mühelos in die ganze Welt vertrieben werden.[306]

Im Diskurs im Zusammenhang mit urheberrechtsverletzenden Handlungen werden oft Begriffe wie ›Piraterie‹ oder ›Raubkopie‹ verwendet. Dabei ist allerdings festzuhalten, dass es sich bei den in dieser Art bezeichneten Angriffen auf geistiges Eigentum keineswegs um Piraterie, Raub oder Diebstahl im herkömmlichen Sinn handelt. So mangelt es beispielsweise an piraterie- und raubtypischen Merkmalen wie gewaltsamem Vorgehen und Bedrohung. Eine Kritik an derartigen Begrifflichkeiten lautet daher, dass sie ein Stück weit dramatisierend seien und so versucht würde, bestimmte Verhaltensweisen durch schwerwiegende Bezeichnungen pauschal in das Eck der schweren Kriminalität zu rücken. Die Anwendung solcher Bezeichnungen spiegelt also zum Teil auch das Interesse der betroffenen Industrien wider. Fest steht allerdings, dass die eben genannten Begriffe Eingang in den allgemeinen Wortschatz und zum Teil auch in das Gesetz gefunden haben,[307] weshalb sie in der vorliegenden Arbeit ebenfalls Verwendung finden sollen. Die Bezeichnung Produktpiraterie umfasst nicht nur die Buch-, Musik-, Film- und Softwarepiraterie, sondern auch Pirateriearten, welche nicht Gegenstand dieser Arbeit sind – etwa die Nachahmung von Markenprodukten wie Uhren oder Kleidung oder die Fälschung von Medikamenten. Diese zweite Art der Produktpiraterie spielt im Rahmen der nachfolgenden Betrachtungen keine Rolle. Grundsätzlich versteht man unter Produktpiraterie

alle Erzeugnisse, Verfahren und Dienstleistungen, die Gegenstand oder Ergebnis einer Verletzung eines Rechts des geistigen Eigentums [oder] eines Urheberrechts [sind].[308]

Grundsätzlich wird rechtlich nicht zwischen vorsätzlicher und fahrlässiger Piraterie unterschieden. Dies ist insofern problematisch, als bei Urheberrechtsverletzungen davon ausgegangen werden kann, dass der Vorsatz zum Rechtsbruch oft fehlt, beziehungsweise ein Rechtsbruch von den Tätern als solcher nicht einmal wahrgenommen wird.[309]

Es gibt zahlreiche Arten der Piraterie. Musikpiraterie bezeichnet die illegale Aufnahme, Vervielfältigung und Verbreitung von Werken musikalischer Natur. Bei der Musikpiraterie werden grundsätzlich drei verschiedene Formen unterschieden. Erstens gibt es die Raub- oder Schwarzkopie. Dabei handelt es sich um die illegale Vervielfältigung eines bereits erschienenen Musikwerks, wobei sich die illegale Kopie in der äußeren Erscheinung vom Original unterscheidet. So ist die Raubkopie etwa eine handelsübliche beschreibbare CD-R, welche handschriftlich mit dem Interpreten und Titel des Werkes versehen wurde. Zweitens gibt es sogenannte ›Counterfeits‹ oder Identfälschungen, bei denen nicht nur die Musikdaten, sondern auch die äußere Erscheinung dem Originaltonträger angeglichen wurde. Unter ›Bootlegs‹ versteht man schließlich illegale Mitschnitte von Live-Auftritten, die im Anschluss auf Tonträger gepresst und verbreitet werden.[310] Bei der Musikpiraterie wird außerdem differenziert zwischen Piraterie im traditionellen Sinn, bei der Raubkopien, Counterfeits und Bootlegs mit Gewinnabsicht weiterverkauft werden und der Musikpiraterie im Internet, also dem Up- und Download von Musikfiles, wobei in diesem Bereich meist ohne Gewinnabsicht gehandelt wird.[311]

Unter Videopiraterie versteht man die illegale Beschaffung, Aufnahme, Vervielfältigung und Verbreitung von filmischen Werken. Wie bei der Musikpiraterie lassen sich hier traditionelle Raubkopien und Counterfeits von der Videopiraterie im Internet unterscheiden. Außerdem kann zwischen Kinofilmpiraterie und Videopiraterie im engeren Sinn differenziert werden: die Kinofilmpiraterie verbreitet Kinofilme, die noch nicht legal auf dem Markt erhältlich sind, während die Videopiraterie die Vervielfältigung und Verbreitung bereits als DVDs oder Videokassetten vorhandener Filme meint.[312] Die bevorzugte Art der Verbreitung von raubkopierter Musik sind Tauschbörsen, sogenannte Peer-to-Peer-Netzwerke. Aufgrund der großen Datenmengen beim Filmtausch werden allerdings bei dieser Piraterieform andere Verbreitungswege als bei der Musikpiraterie bevorzugt. BitTorrent hat sich hier als gängige Technik etabliert.

Softwarepiraterie bezeichnet schließlich die illegale Vervielfältigung, Verbreitung und Nutzung von Computersoftware wie Computerspielen, Anwendungen und Betriebssystemen. Eine Unterscheidung zwischen Raubkopien und Counterfeits trifft auch auf diese Form der Piraterie zu. Auch eine Überschreitung von Nutzungslizenzen gilt als Softwarepiraterie.[313]

Angelehnt an diese Definitionen könnte man für die E-Book-Piraterie folgende Systematisierung erdenken: Bei der E-Book-Piraterie handelt es sich um die illegale Herstellung, Vervielfältigung und Verbreitung von urheberrechtlich geschützen Buchtiteln, Zeitungen, Zeitschriften und Audio-Books. Einerseits gibt es sogenannte ›gecrackte‹ Ausgaben von bereits als E-Books vorliegenden Titeln, bei denen der Kopierschutz illegal umgangen wird. Andererseits werden Werke, die als E-Book noch gar nicht existieren, digitalisiert (entweder gescannt oder digital fotografiert).

Im Internet sind unzählige Bücher und sonstige sprachliche Werke ohne Genehmigung des Urhebers zum Download bereitgestellt. Die Bandbreite des Angebots reicht hier von Comics bis hin zu Fachbüchern und Romanen. Die Herstellung von E-Book-Schwarzkopien ist im Unterschied zu Raubkopien anderer Produkte auch für Laien ohne besondere technische Kenntnisse möglich. Bei umfangreicheren Werken ist der Vorgang zwar aufwendig, da jede einzelne Seite in ein für den Computer lesbares Format umgewandelt werden muss, aufgrund der neuen technischen Möglichkeiten wird dies aber zusehends unproblematischer und weniger aufwendig. Deutlich schneller als das Scannen ist das Abfotografieren von Buchseiten mit Digitalkameras, welche mittlerweile schon die Qualität von Scannern erreichen. Nach erfolgreicher Digitalisierung liegt das E-Book nun in Form von Bildateien vor. Mithilfe einer automatischen Texterkennung (OCR[314]) können diese Dateien in Textdateien umgewandelt werden. So kann der gesamte Text des Buches nach einzelnen Wörtern untersucht und digitale Notizen oder Markierungen im Text vorgenommen werden. Texterkennungsprogramme arbeiten allerdings oft nicht fehlerfrei. Ein Kennzeichen von E-Book-Raubkopien ist somit, dass in vielen Fällen das Layout nicht korrekt übernommnen wurde oder sich Rechtschreibfehler einschleichen. Das E-Book müsste daher vor seiner Verbreitung Korrektur gelesen werden, was oft nicht passiert. Daher schwankt die Qualität von E-Book-Raubkopien teilweise beträchtlich.[315]

5.2 Entwicklung der Online-Piraterie

Die illegale Vervielfältigung von geschütztem geistigen Eigentum ist kein neues Phänomen, sondern nahm bei der Musikpiraterie bereits in den 1960er Jahren ihren Anfang. Die Videopiraterie wurde ab etwa 1980 zum Problem, gefolgt von der Softwarepiraterie ab den 1990er Jahren. Durch die anfangs analoge Vervielfältigung war es möglich, gezielt gegen Raubkopierer vorzugehen, und man hatte das Problem mehr oder minder im Griff. Diese Situation änderte sich allerdings grundlegend durch die rasante Entwicklung und Verbreitung der Digitaltechnologie und des Internets.[316] Besonders angekurbelt wurde die Piraterie anfangs durch technologische Fortschritte wie die Einführung der CD und der DVD. Später wurden Geräte zur Herstellung digitaler Kopien (CD- und DVD-Brenner) immer leistungsfähiger und damit der Zeitaufwand zur Herstellung von Raubkopien immer geringer. Besonders wichtig in diesem Zusammenhang sind die steigende Geschwindigkeit von Datentransfers im Internet und das Aufkommen neuer Dateiformate wie der MP3. Diese Faktoren haben ein Filesharing im großen Stil erst ermöglicht. Zusätzlich bietet das Internet neue Möglichkeiten für die Distribution und den Erwerb von Raubkopien. Die weitgehende Anonymität im World Wide Web führt außerdem zu einer immensen Steigerung der illegalen Aktivität.[317] Das ist auch der Grund, warum neue Gesetzesinitiativen immer wieder danach streben, diese Anonymität der Nutzer kompromittieren zu wollen. Das Ergebnis dieser technologischen Entwicklungen ist nun, dass Raubkopien heute massenweise hergestellt, verbreitet und genutzt werden.[318]

Einer der wichtigsten Meilensteine in der Geschichte des illegalen Datenaustausches im World Wide Web war die Erfindung des Filesharings. Durch Filesharing wurde es erstmals auch Laien möglich, sich am digitalen Austausch von Raubkopien zu beteiligen. Vor der Erfindung der Peer-to-Peer-Netzwerke war der digitale Datenaustausch ein Terrain der Hacker und Computerspezialisten. Beim Filesharing in sogenannten Peer-to-Peer-Netzwerken handelt es sich um ein Konzept, welches das Geben und Nehmen von Dateien stark vereinfacht. Jeder teilnehmende Nutzer stellt die Dateien auf seiner Festplatte allen anderen Nutzern der Plattform zur Verfügung und kann im Gegenzug auf die bereitgestellten Dateien der anderen Nutzer zugreifen. Der entscheidende Vorteil dieses Systems ist, dass Daten direkt von User zu User getauscht werden können und es keinen zentralen Server mehr braucht, wo die Raubkopien liegen müssen. Die Nutzung der Peer-to-Peer-Plattformen wurde ab Ende der 1990er Jahre zum Massenphänomen, als es die Rechnerkapazitäten zu erlauben begannen, große Daten zu transferieren.[319]

Das Programm, mit dem sich die Idee des Filesharings durchsetzte, war Napster. Napster, ein anfangs unscheinbares Programm zum Austausch von MP3-Files, revolutionierte den illegalen Austausch von Raubkopien durch leichte Bedienbarkeit der Anwendung. Entwickelt wurde sie Ende der 1990er Jahre von einem damals 18-jährigen Informatikstudenten und Mitglied einer Hacker-Gruppe.[320]

Die Geschichte von Napster zeigt beispielhaft, wie aus den Aktivitäten eines Hackers ein weltweit beachtetes und genutztes Produkt entstehen konnte. Das Prinzip von Napster war so einfach wie genial. Das Programm verband sämtliche Nutzer, die bereit waren, MP3-Titel mit anderen Teilnehmern zu tauschen. Der Zugriff auf die Files erfolgte direkt auf der Festplatte des teilnehmenden Users. Napster erlaubte auch erstmals eine bequeme Suche.[321]

Napster schlug ein wie eine Bombe. Die Nachfrage nach dem Programm war dermaßen groß, und es verbreitete sich so lawinenartig, dass man den Eindruck gewann, viele Internetnutzer hätten nur auf ein derartiges Programm gewartet. Napster wurde zum größten virtuellen Plattenladen und gleichzeitig zum Albtraum der Musikindustrie. Diese reagierte prompt mit Klagen und umfangreichen Schadensersatzforderung durch die RIAA.[322] Die ausgiebige Medienberichterstattung im Zuge der gerichtlichen Verfolgung ließ die Popularität von Napster allerdings nur noch weiter wachsen, und die Mitgliederzahlen vervielfachten sich. Man ging davon aus, dass Napster Mitte des Jahres 2000 auf fast jedem dritten Computer der Welt installiert war.[323]

Im Laufe der Zeit setzten die Gerichte Napster jedoch immer mehr unter Druck. Im Jahr 2000 kaufte schließlich der Medienkonzern Bertelsmann das Programm, um es in einen bezahlten Download-Service zu verwandeln und dem unkontrollierten illegalen Tausch so einen Riegel vorzuschieben. Die kurze Blütezeit der illegalen Napster-Version hatte jedoch ausgereicht, um die digitale Welt nachhaltig zu verändern. In den Köpfen der Nutzer hatte sich die Idee des kostenlosen Tausches im Internet festgesetzt, und diese Entwicklung scheint bis heute irreversibel. Napster ist zwar in seiner ursprünglichen kostenlosen Form nicht mehr vorhanden, seine Nachfolger standen jedoch schon vor dem Aus des Programms in den Startlöchern. Filesharing und Peer-to-Peer-Netzwerke hatten sich mit Napster endgültig durchgesetzt und die Musikindustrie musste erkennen, dass mit dem Untergang eines einzigen Programms das Problem keineswegs beseitigt werden konnte.[324] Das Gegenteil war der Fall, die Möglichkeiten des Online-Datenaustausches wurden sogar immer ausgereifter.

Der nächste erklärte Feind der Content-Industrien waren BitTorrent-Netzwerke. Das Besondere an BitTorrent ist dessen enorme Geschwindigkeit. Die ausgeklügelte Technik erlaubt es, Dateien in kleine Fragmente zu zerlegen, die von einem zum anderen Nutzer übertragen werden können und sich am Ende des Downloads automatisch wieder zusammensetzen.[325] Bei BitTorrent werden außerdem die Upload-Kapazitäten der Downloader mitgenutzt. Im Gegensatz zur Peer-to-Peer-Tauschbörse werden bei dieser Vorgehensweise die Dateien nicht von einem dezentralen Server verteilt, sondern auch von Nutzer zu Nutzer. Dadurch wird der Server weniger belastet und die Downloadgeschwindigkeit empfindlich erhöht.[326] Seit Peer-to-Peer und BitTorrent hat sich auf dem Gebiet des illegalen Datenaustausches viel getan. Neue Techniken werden laufend entwickelt und auf die Bedürfnisse der Tauscher der jeweiligen Warez angepasst.

5.3 Ausmaß und Schaden

Durch diese dynamischen Entwicklungen wundert es nicht, dass die geschädigten Industrien dem Fortschritt der Technik stets hinterherhinken. Erschwerend hinzu kommt außerdem, dass die rechtliche Lage hinsichtlich des Schutzes von Immaterialgütern im Internet zu Anfang sehr unklar war. Nutzern von Tauschbörsen war etwa lange nicht bewusst, dass sie durch ihr Vorgehen Rechte verletzten. Zu der Zeit, in der die Illegalität solcher Praktiken dann klar kommuniziert wurde, war es in gewisser Weise schon zu spät: Zu viele User wollten auf Tauschaktivitäten nicht mehr verzichten. Die Unterhaltungsindustrien sehen sich also aktuell mit der schwierigen Aufgabe konfrontiert, eine weltweit etablierte Praxis rückgängig zu machen und ein neues Unrechtsbewusstsein durchzusetzen.[327]

Die durch die Medien kommunizierten Zahlen zum Ausmaß der Piraterie sind nicht immer objektiv und entsprechen daher oft nicht den Fakten. Sie stammen häufig von den geschädigten Industrien selbst. Wie bereits erwähnt ist eine dramatisierende Darstellung des Phänomens durchaus im Interesse dieser Branchen. Problematisch an Angaben zu Ausmaß und Schaden der Piraterie ist insbesondere zu bewerten, dass Umsatzrückgänge ausschließlich auf die Piraterie zurückgeführt werden. Andere Faktoren – wie überhöhte Preise, geändertes Konsumentenverhalten oder qualitativ unzureichendes Angebot – werden nicht ausreichend berücksichtigt. Die Annahme, dass jeder, der eine Raubkopie erwirbt oder herunterlädt, das Originalprodukt gekauft hätte, ist jedenfalls als unrichtig zu beurteilen. Zahlreiche Studien weisen darauf hin, dass kein Zusammenhang zwischen der Nutzung von illegalen Angeboten und der Abnahme der Kaufbereitschaft besteht.[328] Gegensätzliche Angaben gibt es selbstverständlich ebenso, zu eruieren wie viel Geschäft den betroffenen Branchen also tatsächlich verloren geht, ist sehr schwierig.

Zum aktuellen Ausmaß der Piraterie gibt der von der International Federation of Phonographic Industry (IFPI) jährlich publizierte *Digital Music Report* Auskunft. Dieser gibt an, dass sich die Lage für die durch Piraterie geschädigten Industrien seit 2011 zu verbessern scheint. Besonders die »cooperation from online intermediaries, such as internet service providers (ISPs), payment providers, advertisers, mobile service providers and search engines [...]«[329] wird als unumgänglich im Kampf gegen die Piraterie angesehen. Eine Schätzung der IFPI geht davon aus, dass weltweit 28 Prozent der Internetnutzer zumindest einmal monatlich ein illegales Angebot im Internet in Anspruch nehmen. Etwa die Hälfte dieser User nutzt Peer-to-Peer-Netzwerke. Die andere Hälfte nutzt »other non-P2P unauthorised channels which are a fast-growing problem. These include blogs, cyberlockers, forums, websites, streaming sites, smartphonebased applications and stream ripping applications«.[330] Zur aktuellen Lage der Piraterie ist also vor allem festzuhalten, dass Peer-to-Peer-Netzwerke oder Tauschbörsen immer mehr an Relevanz verlieren und andere Distributionsmöglichkeiten illegalen Contents an Wichtigkeit gewinnen. Diese Gegebenheit lässt sich untermauern durch das Ergebnis einer Analyse von Suchaktivitäten nach Torrents, die ergeben hat, dass sich die Peer-to-Peer-Aktivitäten in Deutschland rückläufig entwickeln.[331]

Der aktuelle *Digital Music Report* weist auch auf das Problem der zunehmenden E-Book-Piraterie hin. Laut einer Angabe des Börsenvereins waren 60 Prozent der Downloads von E-Books in Deutschland 2011 illegaler Natur. Die IFPI schlägt zur Bekämpfung von Piraterie ein Vorgehen vor, das vor allem auf drei Säulen beruht:[332]

Providing attractive legitimate services and conducting public education campaigns are two key elements of this approach. The other is the ability of the industry to effectively enforce its rights, ensuring that consumers have an incentive to move from illegal free to legitimate services.[333]

Vor allem eine effizientere rechtliche Verfolgung und Stärkung des Unrechtsbewusstseins der Rechtsbrecher wird angestrebt. Initiativen, die Piraterie zu reduzieren, gehen vorrangig in diese Richtung. Die geschädigten Industrien erkennen zwar an, dass angebotsseitig Handlungsbedarf besteht, die größte Wichtigkeit wird aber einer rigideren Strafverfolgung beigemessen. Einer Studie der GfK zufolge bewegen urheberrechtliche Abmahnungen, die mit direkten rechtlichen Konsequenzen verbunden sind, 81 Prozent der deutschen Internetnutzer dazu, von illegalen Aktivitäten abzusehen.[334] Es ist allerdings fraglich, ob durch die Steigerung von urheberrechtlichen Abmahnungen tatsächlich von illegalen Downloads abgesehen wird oder sich die Aktivitäten nicht auf einen anderen Distributionsweg verlagern. Der starke Rückgang des Filesharings in Peer-to-Peer-Netzwerken lässt sich zwar nicht zuletzt auf das Bemühen der Rechteinhaber zurückführen, Nutzer von Tauschbörsen abzumahnen, dafür werden aber zunehmend Direct Download Links genutzt.[335]

5.4 E-Book-Piraterie

Trotz aller Maßnahmen, der Piraterie Einhalt zu gebieten, ist auch die Entwicklung des E-Book-Geschäfts von ihr begleitet. Ähnlich wie in der Musik- und Filmindustrie boomt die Raubkopie-Szene mittlerweile ebenfalls bei den elektronischen Büchern. Das gilt insbesondere auch für den deutschsprachigen Raum, wo die E-Book-Piraterie rasch wächst, während Verlage mit dem Problem umzugehen noch nicht in der Lage sind oder dessen Ausmaße noch nicht wahrnehmen. Die Branche verzeichnete 2010 einen Umsatzrückgang im stationären Buchhandel von 3,3 Prozent.[336] Ob dieser mit der wachsenden Piraterie zusammenhängt, bleibt abzuwarten.[337]

Im folgenden Teil wird zunächst die Nachfrage nach Raubkopien im deutschsprachigen Raum als auch weltweit betrachtet. Danach soll der Versuch unternommen werden, die Struktur der illegalen Angebote zu analysieren, wobei nur eine herausragende Site im deutschsprachigen Raum, von der illegaler Content zu beziehen ist, exemplarisch vorgestellt wird.

Im Zuge von Recherchen zum Thema E-Book-Piraterie wird bald klar, dass man als Außenseiter der Piraterie-›Szene‹ nur einen oberflächlichen Eindruck gewinnen kann und sehr viel über Foren läuft, für deren Nutzung es Einladungen von bestehenden Mitgliedern benötigt. Die vorgestellte Seite kratzt also bloß an der Oberfläche des Phänomens E-Book-Raubkopien im Internet und soll nur einen kleinen Einblick in das Problem geben. Dennoch sind die Erkenntnisse erstaunlich: Eine unglaubliche Menge an Material ist illegal zu beziehen, besonders populär ist Fach- und Sachliteratur insbesondere zu Computerthemen sowie Belletristik, die sich auf der Bestsellerliste befindet. Zum Abschluss des Kapitels werden noch einige Überlegungen angestellt, wie sich die Piraterie auf die Buchbranche auswirken könnte und welche Gegenmaßnahmen von Seiten der Buchindustrie angestrengt werden.

5.4.1 Nachfrage nach E-Book-Raubkopien

5.4.1.1 Nachfrage im deutschsprachigen Raum

Eine vom irischen Consulting-Unternehmen Lisheennageeha veröffentlichte Studie zur E-Book-Piraterie in Deutschland stützt sich bei der Erhebung der Nachfrage nach raubkopierten E-Books wesentlich auf die Analyse von Google-Suchanfragen, die mit E-Books in Verbindung stehen. Im Hinblick auf die Tatsache, dass Google für die Mehrheit der Internetnutzer die Einstiegsseite schlechthin ist und dass der Anteil der Internetutzer, die täglich Google nutzen, von Anfang 2009 (30 Prozent) auf aktuell 50 Prozent anstieg, scheinen Google-Daten in der Tat bauchbare Indikatoren für das Nutzungsverhalten der Internetnutzer zu sein. Generell ist zu beobachten, dass das Thema E-Books eine immer größere Rolle bei den Google-Anfragen spielt. Eine von Lisheennageeha durchgeführte Analyse der Top 10 der Anfragen im Themenumfeld ›ebook‹ hat dabei ergeben, dass viele dieser Anfragen explizit nach illegalen Angeboten zu suchen scheinen, wie im folgenden Säulendiagramm veranschaulicht ist:[338]

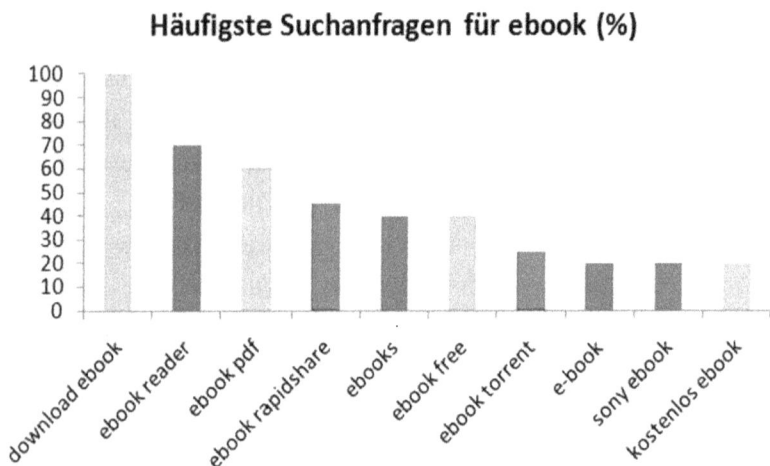

Abbildung 5: Häufigste Suchanfragen für den Begriff ›ebook‹ (in Prozent)[339]

Zwei der häufigsten Anfragen (im Diagramm rot markiert), nämlich nach dem Begriff ›ebook‹ mit dem Zusatz ›rapidshare‹ und ›torrent‹,[340] weisen eindeutig auf eine Suche der entsprechenden Nutzer nach illegalen Angeboten hin. Die gelb gekennzeichneten Anfragen lassen vermuten, dass die User, die die Anfrage durchführten, kein explizites Kaufinteresse haben. Der Rest (die in der Grafik blau markierten Anfragen), ist indifferent oder nur insofern klar interpretierbar, als die User nach Lesegeräten für E-Books suchten. Anfragen, die eindeutige Kaufabsichten signalisieren, etwa ›ebook kaufen‹ oder ›ebook shop‹ sind ebenfalls vertreten, allerdings nicht in den Top 10 der Suchanfragen, sondern auf den hinteren Plätzen, nämlich auf den Positionen 34 und 43. Insgesamt kann man also festgehalten, dass die häufigsten Suchanfragen zu E-Books zumindest einen starken Bezug zur Piraterie aufweisen.[341]

Auch die aktuellste Repräsentativstudie der GfK zur digitalen Content-Nutzung (DCN-Studie) hat sich erstmals auch mit der E-Book-Piraterie in Deutschland beschäftigt und aussagekräftige Daten zum Thema erhoben. Ziel der Studie war die Analyse des Nutzungsverhaltens beim Downloaden, Streamen, Speichern und Kopieren von Medieninhalten als auch die Ermittlung von Konsumenteneinstellungen zu Urheberrechtsverletzungen.[342] Zum ersten Mal wurde die Untersuchung zur Verbreitung von illegalen Inhalten auch in Bezug auf E-Books durchgeführt. Der Börsenverein hat sich erstmals an der DCN-Studie 2011 beteiligt und die Analyse der GfK gemeinsam mit Vertretern anderer Kreativbranchen beauftragt.[343] Die Erkenntnisse sind bemerkenswert. Die Studie kommt zu dem Ergebnis, dass 2010 mehr als 20 Prozent der Deutschen Medieninhalte heruntergeladen haben, davon ein Viertel auf illegalem Weg. Damit kommt die Anzahl an Menschen, die Medieninhalte in großen Mengen von illegalen Quellen beziehen, in Deutschland auf 3,7 Millionen.[344] Insgesamt wurden laut Erhebung in Deutschland 23 Millionen E-Books von 1,9 Millionen Personen heruntergeladen. Jeder Nutzer kam so durchschnittlich auf 12 Titel.[345] Von diesen E-Book-Downloads waren nicht weniger als 14 Millionen illegaler Natur. 0,8 Millionen Personen bezogen im Schnitt 18 Titel von illegalen Filesharing-Seiten.[346] Es ist also nur ein relativ kleiner Teil der Bevölkerung, der illegalen Content herunterlädt, dieser tut das jedoch mit sehr hoher Intensität. Die Zahlen weisen darauf hin, dass E-Book-Piraterie auch in Deutschland kein Minderheitenphänomen mehr ist, sondern ein ernstzunehmendes Problem.

In Sachen Unrechtsbewusstsein dürfte sich aber einiges getan haben. Mittlerweile sind sich 80 Prozent der Bevölkerung darüber bewusst, dass das Herunterladen oder Anbieten von urheberrechtlich geschützten Medieninhalten im Internet rechtliche Schritte nach sich ziehen kann.[347] Viele Arten der Verbreitung illegalen Contents werden allerdings nicht von allen Usern als unrechtmäßig erkannt. So halten etwa 39 Prozent der Nutzer das Ansehen von Filmen auf Streaming-Seiten wie kino.to[348] für erlaubt.[349] 16 Prozent der Nutzer wiederum halten das Anbieten von Medieninhalten über Filesharing-Seiten wie RapidShare für rechtlich erlaubt.[350] Ein großes Problem ist, dass das große Angebot auf illegalen Plattformen den Eindruck eines legalen Angebots erzeugt.[351] Als effektiv im Kampf gegen illegale Downloads und Streams dürften sich Warnhinweise erweisen – 81 Prozent der User gaben an, dass eine Warnung dafür sorgen würde, dass sie vom illegalen Datenaustausch absehen würden.[352]

5.4.1.2 Nachfrage weltweit

Das kalifornische Web-Monitoring-Unternehmen Attributor führte im Oktober 2010 eine Studie zur weltweiten Nachfrage nach E-Book-Raubkopien durch. Auch hier wurden zur Erkenntnisgewinnung Google-Suchanfragen auf Hinweise auf Anfragen nach illegalem Content analysiert. Attributor untersuchte über einen Zeitraum von drei Tagen die Nachfrage nach den Top 89 der englischsprachigen E-Books.[353] Attributor ging dabei so vor, die illegale Aktivität von 25 Websites zu analysieren, die aufgrund der Anzahl an Takedown Notices, die gegen sie angestrengt wurden, als besonders piraterierelevant erschienen.[354] Die Studie kam zu folgendem Ergebnis: »research findings suggest the need for immediate book industry action.«[355] Insgesamt sollen 1,5 bis 3 Millionen Menschen weltweit täglich explizit nach illegalem E-Book-Content suchen. Die meisten Nachfragen erfolgen hierbei aus den USA und Indien, insgesamt sollen die Anfragen aus diesen Ländern 11 Prozent ausmachen. Ein weiteres Ergebnis besagt, dass im Lauf des Jahres 2009 ein Anstieg des Interesses von 50 Prozent zu verzeichnen war. Eine besonders hohe Nachfrage nach raubkopierten E-Books generierte das iPad, welches seit Mitte Mai 2010 erhältlich ist. Der Launch des iPads steigerte die Anfrage nach illegalen E-Books demnach um 20 Prozent. Die Studie brachte auch hervor, dass die Schließung von Seiten, die illegalen Content verfügbar machen, keinerlei Einfluss auf das Angebot zu haben scheint. Sie kommt zu dem Ergebnis, dass sobald eine Seite eliminiert wird, andere Quellen für illegale E-Books einspringen, um die massive Nachfrage weiterhin zu bedienen.[356] Die Studie konnte ein alarmierend hohes und weit verbreitetes Interesse nach Raubkopien feststellen, trotzdem sollten die von ihr eruierten Zahlen mit einem gewissen Maß an Skepsis betrachtet werden. Das Unternehmen Attributor bietet nämlich Verlagshäusern seine Services an, um die von ihnen publizierten E-Book-Titel im Internet aufzuspüren und etwaige illegale Aktivität um die Titel eines Verlags herauszufinden. Insofern kann man ein großes Interesse des Dienstleisters, die Pirateriesituation als besonders bedrohlich darzustellen, nicht abstreiten.[357]

Attributor führte im März 2012 eine weitere Studie zum Thema durch, die das Angebot an raubkopierten E-Books nach der Schließung eines der wichtigsten Sharehoster, nämlich Megaupload, untersuchte. Megaupload wurde Anfang 2012 gerichtlich vom Netz genommen. Die Seite war zweifelsfrei einer der größten Anbieter illegalen Contents weltweit – mit 25 Petabytes an verfügbaren Daten und 50 Millionen täglichen Besuchern verzeichnete sie etwa einen Prozent des insgesamten weltweiten Internet-Traffics. Zwei weitere bedeutende Sharehoster, nämlich Filesonic und Fileserve reagierten auf diese Entwicklung und nahmen ihr Angebot ebenfalls vom Netz. Diese drei Filesharer machten zusammen in etwa 33 Prozent des weltweiten Angebots von E-Book-Raubkopien aus. Attributor machte eine verblüffende Entdeckung: Statt das Angebot an illegalen E-Books im Internet drastisch zu reduzieren stieg es nach dem Shutdown der Seiten sogar um 13 Prozent an. Der Grund dafür ist, dass nach dem Aus der Seiten neue und bereits existierende Filesharer und Peer-to-Peer-Netzwerke sehr schnell dort ansetzten, wo die drei geschlossenen Seiten aufhörten, um die starke Nachfrage auch weiterhin befriedigen zu können. Die Maßnahme kann also bestenfalls als Pyrrhussieg bewertet werden.[358]

5.4.2 Struktur der illegalen Angebote

In den öffentlichen Diskussionen rund um E-Books, wie sie unter anderem vom Börsenverein geführt werden, ist oft von den Tauschbörsen als wesentliche Werkzeuge der Piraterie die Rede. Peer-to-Peer-Netzwerke wie Pirate Bay oder BTJunkie spielen im Gegensatz zur Musik-, Film- und Softwarepiraterie jedoch eine untergeordnete Rolle. Viel bedeutender für die Verbreitung illegaler E-Books sind Direct Download Links

(DDL) wie sie zum Beispiel auf den großen Anbietern illegalen Contents lesen.to und avaxhome.ws zu finden sind. Das hat einerseits rechtliche und andererseits praktische Gründe. Erstens sind Tauschbörsen immer mit einem vermehrten Risiko verbunden, da man als Downloader in der Regel auch als Uploader fungiert und somit Gefahr läuft, eine urheberrechtliche Abmahnung zu erhalten. Bei Direct Download Links bietet der User jedoch selbst keinen Content an, weshalb der Download so gut wie immer folgenlos bleibt. Zwar ist auch bereits das Downloaden von urheberrechtlich geschütztem Content je nach Rechtsprechung illegal, dieser Vorgang lässt sich allerdings nur sehr schwer verfolgen. Außerdem mögen Torrents beim Transferieren großer Dateien wie Film und Musik praktisch sein, E-Books sind in der Regel allerdings vergleichsweise kleine Dateien, bei denen eine solche Technik nicht notwendig ist.[359]

Sogenannte Cyberlocker-Seiten sind die jüngste Spielart der Online-Piraterie, die Rechteinhabern den Angstschweiß auf die Stirn steigen lässt und die sich als besonders relevant für die E-Book-Piraterie erweist. Cyberlocker unterscheiden sich von Filesharern insofern, als sie eine geringe Abonnement-Gebühr von ihren Nutzern erheben, um sie ihre Dienste in Anspruch nehmen zu lassen. Cyberlocker haben sich schnell zur beliebtesten und weitestverbreiteten Art entwickelt, wie Konsumenten illegale Piraterieinhalte nutzen. Laut Fred Huntsberry, COO des US-amerikanischen Produktionsstudios Paramount Pictures, werden diese Art von Seiten von mafiaähnlichen Organisationen betrieben und sind vor allem in Ländern wie Russland, der Ukraine und Kolumbien ansässig. Cyberlocker gibt es schon seit einigen Jahren. Es handelt sich um legale Filesharing-Dienste, die Usern Online-Speicherplatz für ihre Inhalte anbieten. Inzwischen werden solche Services aber zunnehmend dafür eingesetzt, um den Zugriff auf illegale Inhalte zu ermöglichen.[360]

5.4.3 Beispiele für illegale Anbieter

Es gibt viele Bezugsquellen für illegale E-Books im Internet, und ihre Anzahl wächst. Aufgrund ihrer schnelllebigen Natur – viele der Seiten werden, veranlasst durch urheberrechtliche Abmahnungen, gesperrt oder ihr Angebot vom Netz genommen – ist es schwer, einen umfassenden Überblick über sie zu geben. Aus diesem Grund soll stellvertretend für das illegale Angebot eine maßgebliche Seite vorgestellt werden.

Bei avaxhome.ws handelt es sich mit etwa 300.000 verfügbaren E-Books wahrscheinlich um das größte illegale Angebot weltweit.[361] Zu haben sind zahlreiche aktuelle Bestseller, Fachbücher, Magazine, Zeitungen und auch Audio-Books. Unter der Rubrik ›ebooks and elearning‹ befindet sich vor allem ein großes englischsprachiges Angebot. Populäre belletristische Titel sind problemlos erhältlich, bei weniger bekannter Literatur oder Deutschsprachigem stößt man jedoch bald an seine Grenzen. Erstaunlich ist, dass auch ein umfangreiches Angebot an literaturwissenschaftlicher Fachliteratur erhältlich ist. Jonathan Culler's *Introduction to Literary Theory* ist genauso vertreten wie Werke von Julia Kristeva, Peter V. Zima, Wayne Booth oder die *Einführung in die Narratologie* von Monika Fludernik. Da es sich bei vielen der angebotenen Titel um von den Nutzern selbstständig digitalisierte Werke handelt, ist die Frage interessant, wie es sich mit umfangreicheren Werken wie Enzyklopädien oder sonstigen Nachschlagewerken verhält, ob es also eine Grenze dafür gibt, was für eine Digitalisierung von den Raubkopierern als zu aufwendig erachtet wird. Die Suche nach dem *Metzler Literaturlexikon* oder dem *Kleinen Pauly* brachte zwar keine Treffer, dennoch sind mehrbändige Titel wie *A New History of Western Philosophy* der Oxford University Press oder die *Encyclopedia Britannica* erhältlich. Diese Werke sind allerdings gecrackte Versionen bereits existenter E-Books, CD-ROMs oder Audio-Books. Offensichtlich scheint der Aufwand, die Printversion eines mehrbändigen Nachschlagewerks zu digitalisieren, dann doch zu groß zu sein. Bemerkenswert sind außerdem die angebotenen ›Massive Kindle eBook Mobi Collections‹, mit denen man mit einem Klick gleich tausende an kontemporären Titeln am Rechner hat.[362]

Illegaler Content wird auf avaxhome.ws nur ›geteasert‹, also mit Titel, Bild und Klappentext vorgestellt, die eigentlichen Downloads liegen aber auf verschiedenen Filehostern wie RapidShare, Hotfile und Filesonic. Dieses Zusammenspiel zwischen Sites und Filehostern hat den Vorteil, dass die Betreiber schwer zur Rechenschaft gezogen werden können. Die Seitenbesitzer selbst bieten keine Inhalte an, und die Filehoster wissen nicht notwendigerweise, welche Inhalte sie hosten, da die Files oft mit nichtssagenden Namen und Verschlüsselungen versehen sind. Eine juristische Verfolgung ist auf dieser Grundlage nur sehr schwer möglich.[363]

Neben *avaxhome.ws* gibt es eine ganze Reihe von weiteren Anbietern, die auch Bücher anbieten oder sich sogar ausschließlich darauf spezialisiert haben. Die Seite *lesen.to* ist beispielsweise auch eine interessante Ressource für aktuelle deutschsprachige Literatur.

5.4.4 Die Rolle der neuen Digitalisierungstechnologien

Die angebotenen E-Books auf illegalen Seiten sind entweder gecrackte Versionen von bereits existierenden E-Books oder gescannte oder digital fotografierte Bücher, die als E-Book bereitgestellt werden. Die Herstellung eines E-Books konnte bisher ein sehr mühsamer und zeitintensiver Prozess sein. Es gab zwar schon immer die Möglichkeit, ein Buch in seine Einzelteile zu zerlegen und die individuellen Seiten zu scannen, aber zum Scan eines weitgehend intakten Buchs benötigte man Spezialgeräte, deren Preise jenseits der Möglichkeiten privater Konsumenten lag. Diese Situation ist heute allerdings grundlegend anders – zahlreiche Unternehmen bieten heutzutage schnelle und komfortable Scanlösungen für Bücher an. Dank neuer Technologien wird die Digitalisierung zum Kinderspiel, wobei viele dieser Scanner in der Anschaffung noch immer für den Privatnutzer zu teuer sind.[364] Ein Beispiel hierfür ist der Robotic Book Scanner des österreichischen Unternehmens Qidenus Technologies, welches technologisch sehr fortgeschritten ist.

Abbildung 5: Robotic Book Scanner von Qidenus Technologies

Die Firma ION Audio setzt mit Produkten wie dem *Book Saver* genau dort an und stellt damit einen Scanner vor, der nach der Markteinführung nur um die 150 US-Dollar kosten soll. E-Books lassen sich damit in hoher Qualität und kürzester Zeit herstellen. Erstmalig vorgestellt wurde das Produkt 2011 auf der Consumer Electronics Show (CES) in Las Vegas.

Abbildung 6: Book Saver von ION Audio

In Anbetracht der stark anwachsenden Piraterieaktivitäten bleibt abzuwarten, wie sehr sich eine derartig professionelle Technologie zu Consumer-Preisen in den Händen von Produktpiraten auswirken wird. Durch allgemein erschwingliche Scangeräte wie dieses gibt man jedenfalls den Raubkopierern ein äußerst effektives Werkzeug in die Hand und öffnet der E-Book-Piraterie im großen Stil Tür und Tor. Zukunftsszenarien lassen sich viele entwerfen: So könnten Rückgaberechte etwa auf Amazon dazu missbraucht werden, die Bücher zu bestellen, bequem zu scannen und im Anschluss wieder zurückzugeben und das illegale E-Book weiterzuverbreiten.[365] Fazit: Während der legale Handel mit E-Books im deutschsprachigen Raum noch im Entstehen begriffen ist und die Händler und Verleger noch über Kopierschutz und Buchpreisbindung diskutieren, hat sich die illegale Szene längst etabliert und professionalisiert.[366]

5.4.5 Auswirkungen auf die Buchindustrie

Die Verlagsbranche steht erst am Anfang der Entwicklung, wie sie die Musikindustrie bereits durchgemacht hat. Die Verkaufszahlen sind zwar bereits zurückgegangen, E-Book-Reader sind aber in nennenswerten Mengen erst seit 2010 auf dem Markt, die Auswirkungen der Piraterie auf den Umsatz werden daher noch abzuwarten sein.[367] Ein großes Pech der Verlagsbranche ist, dass die nötige Infrastruktur zum Austausch illegalen Contents im Netz bereits vorhanden ist und sich eine Download-Kultur bereits etabliert hat. Aus diesem Grund ist es wahrscheinlich, dass sich die E-Book-Piraterie weit schneller und dynamischer entwickeln wird als in anderen Bereichen. Die bereits zitierte amerikanische Studie zum Thema E-Book-Piraterie von Attributor geht davon aus, dass wir uns momentan in der »Napster-Phase« für E-Books befinden: am Punkt, an dem die unkontrollierte illegale Distribution tatsächlich droht, die Verkaufszahlen einbrechen zu lassen.[368] Innerhalb der ›Piraten-Szene‹ ist man der Meinung, dass man aus den Umsatzeinbrüchen der Musikindustrie nichts gelernt und die Buchbranche die Entwicklung verschlafen habe sowie längst an den Bedürfnissen der Konsumenten vorbeiagiere.

Eine Abschätzung der tatsächlichen Verluste durch E-Books gestaltet sich schwierig. Rein methodisch ist es weder möglich, die exakte Anzahl von illegalen Downloads zu bestimmen, noch die daraus resultierenden ›Nicht-Käufe‹ abzuschätzen. Nur wenige *Filehoster* veröffentlichen nämlich überhaupt Daten über Nutzungszahlen. Eine Ausnahme ist der Share-hoster 4shared. Anhand seiner Informationen wurden bereits einige Überlegungen zum Thema angestellt. Offensichtlich entspricht nicht jeder Download einem entgangenen Verkauf, konservative Schätzungen arbeiten mit einer Ersatzrate von einem Prozent, also ein nicht verkauftes Buch pro 100 illegaler Downloads. In Studien zu den wirtschaftlichen Folgen der Piraterie in der Musik- und Filmindustrie wird sogar von einer Ersatzrate von 10 bis 30 Prozent ausgegangen. Die Downloads vieler Bücher gehen jetzt schon weit in die hundert und 4shared ist dabei nur einer von rund 200 Filehostern.[369] Einige Quellen beziffern den Verlust der amerikanischen Buchindust-rie auf 600 Millionen Dollar.[370] Am meisten betroffen von Raubkopien sind Fachbücher und aktuelle Belletristik. Bei der Betrachtung des Angebots auf illegalen Sites drängt sich der Verdacht auf, dass so ziemlich alles wahllos raubkopiert wird, was es gibt. Der Preis der Produkte spielt dabei nur eine unter-geordnete Rolle. Man würde annehmen, dass vor allem teure E-Books der Piraterie zum Opfer fallen. Dies ist aber nur be-dingt der Fall, Nachfrage herrscht selbst nach Groschenromanen wie *Geisterjäger John Sinclair* aus dem Bastei Verlag.

Die Autoren der Studie von Lisheennageeha Consulting se-hen Fachbuchverlage trotzdem eindeutig am stärksten von Piraterie betroffen. E-Book-Ausgaben von Fachbüchern sind aufgrund der offensichtlichen Vorzüge wie die leichte Trans-portierbarkeit und die Möglichkeit für ›copy and paste‹ beson-ders beliebt. Im Gegensatz zu belletristischer Literatur ist die Wahrscheinlichkeit auch geringer, dass hier ›Fans‹ eines Au-tors oder einer Gattung sich aus Sammelgründen unbedingt die Printausgabe ins Regal stellen wollen. Bei Fachbüchern ist der Bezug des Lesers zum Autor oder Inhalt oft nicht in dem Ausmaß gegeben wie bei der Belletristik. Bei einem Lehrbuch über anorganische Chemie etwa ist es schwieriger, einen ›Fan‹ zu definieren.[371]

Das Problem der Piraterie im Bereich der STM-Verlage[372] haben sich die Autoren der Studie von Lisheennageeha Consulting im Rahmen einer weiteren Studie im ersten Quartal 2012 noch einmal gesondert angesehen. Diese Verlage sind von der Piraterie besonders betroffen, da sie einerseits bei zumeist kleinen Auflagen hohe, oft dreistellige Preise verlangen müssen und andererseits die Werke eine starken Must-have-Faktor für Studenten und Fachleute besitzen. Aus diesem Grund wird angenommen, dass bei solchen Werken der entgangene Umsatz durch Piraterie besonders hoch ist. Im Rahmen ihrer Studie analysieren sie das Angebot einer Piraterieseite, in der die Autoren die »Mutter aller Fachbuch-Piraterieseiten« sehen und deren Name nicht genannt wird. Stattdessen verwenden die Autoren dafür das Kürzel »L«.[373] Bei »L« handelt es sich um eine Seite mit immenser Bedeutung, da sie gewissermaßen das zentrale Großhandelslager der Fachbuch-Piraterie darstellt. Dabei ist »L« selbst keine populäre Publikumsseite, sondern verfolgt nur das Ziel, Kopien vorhandener Fachbücher sicher abzulegen und anderen Verbreitern eine Möglichkeit zu bieten, um Fachbuch-Raubkopien in weiteren Umlauf zu bringen. Mit juristischen Mitteln ist der Seite aus heutiger Warte nicht beizukommen, da sie infrastrukturell auf mehrere Kontinente verteilt ist. Ein primär kommerzielles Interesse ist bei der Seite nicht zu erkennen, es wird vielmehr der Versuch unternommen, Wissen einer breiten Öffentlichkeit zugänglich zu machen.[374]

»L« bietet ihren Nutzern aktuell mehr als 800.000 Fachbücher, dabei ist der Anteil an englischsprachigen Werken mit

64,3 Prozent am größten. Auch eine bemerkenswerte Anzahl an russischen Titeln ist mit 25,7 Prozent zu verzeichnen. Deutschsprachige Werke sind zu 3,4 Prozent enthalten. Bei den Werken handelt es sich um aktuelle als auch ältere Titel. Angeboten werden Titel von sämtlichen namhaften Fachbuchverlagen. Am stärksten betroffen sind E-Books des Springer Verlags. Am 18. 4. 2012 standen insgesamt 48.009 raubkopierte Springer-Titel zum Download bereit. Weitere geschädigte Verlage sind unter anderem Wiley, die Cambridge Academic Press, die Oxford University Press, Routledge, McGraw-Hill, Palgrave, Harper, O'Reilly, Penguin, Random House und MacMillan.[375] »L« ist ein so bemerkenswertes Beispiel, weil es die für die Piraterie notwendige Infrastruktur bietet. Es braucht zwar noch mitwirkende Filehoster, die den Nutzern die Inhalte letztendlich zum Download zur Verfügung stellen, aber die Seite bietet den illegalen Dateien einen sicheren Hafen. Somit können zwar die diversen Filehoster dazu aufgefordert werden, einen illegalen Inhalt vom Netz zu nehmen, aber die Dateien sind immer noch vorhanden und es erfordert einfach nur einen anderen Link, um sie zu verbreiten.

Es ist allerdings auch die Frage zu diskutieren, ob sich Piraterie verkaufsfördernd auswirken kann. Gerade im Fall junger und unbekannter Autoren kann man davon ausgehen, dass sich Piraterie sowohl verkaufsfördernd als auch hemmend auf den Verkauf auswirkt, da ihr Werk so einer breiteren Masse bekannt wird. Bei etablierten und Fachbuchautoren ist dies aber wohl kaum der Fall.[376] Der O'Reilly-Verlag ließ 71 Wochen lang die Umsatzentwicklung jener Titel, die auch illegal auf Filesharing-Plattformen angeboten wurden, durch ein Beratungsunternehmen verfolgen. Das Resultat war überraschend: Während man bei den Titeln, die nicht illegal zu beziehen waren, nach dem ersten typischen Verkaufspeak einen stetigen Abfall bei den Verkaufszahlen verbuchte, zeigten jene Titel, die im Internet illegal angeboten wurden, einen zweiten Verkaufspeak zum Zeitpunkt der Bereitstellung auf den Tauschbörsen.[377] Ein bemerkenswertes Ergebnis, das ein differenziertes Licht auf die Piraterie wirft und zeigt, dass selbst so ein unerfreuliches Phänomen einem Unternehmen unter Umständen nützlich sein kann.

Welche anderen Faktoren die Piraterie sonst noch beeinflussen kann, zeigt der Fall Raubkopien von Zeitungen, Zeitschriften und anderer Periodika. Raubkopierte Magazine wie beispielsweise der deutsche *Spiegel* werden regelmäßig sehr nah am Erscheinungszeitpunkt des offiziellen Produkts im Internet zum Download zur Verfügung gestellt. Besonders interessant ist hier, dass die Piraten das Produkt so modifizieren, dass unliebsame Inhalte wie Anzeigen in der Raubkopie entfernt werden. Dieses Vorgehen wirft die Frage auf, welchen Einfluss das auf das Modell Anzeigenverkauf haben kann, in Anbetracht der Tatsache, dass solche Angebote intensiv genutzt werden.[378]

Wie in anderen Warez-Szenen tarnen sich die Ersteller von E-Books mit Pseudonymen, und in gemeinsamer Arbeit werden Schwarzkopien erstellt und verbreitet. Eigen ist den E-Books aber, dass der Druck einer schnellen Veröffentlichung, der andere Szenen kennzeichnet, nicht in dieser Ausprägung vorhanden ist. Bei E-Books findet nur bei sehr bekannten Werken ein Wettrennen statt. Den Rekord für das schnellste E-Book-Release hält der sechste Band der *Harry Potter*-Reihe (*Harry Potter und der Halbblutprinz*[379]), der schon zwölf Stunden nach dem Verkaufsstart online zur Verfügung stand.[380] Selten passiert es, dass Werke bereits im Netz erhältlich sind, bevor sie überhaupt offiziell erscheinen (wie bei Jeffrey Archer's Roman *Only Time Will Tell*[381]). Dass solche Aktivitäten auch direkte negative Folgen für die Fans der Autoren haben, zeigt Stephenie Meyer's *Midnight Sun*. 2008 entstand das Romanfragment, das als Fortsetzung ihrer *Twilight*-Saga gedacht war. Unlektoriert und unvollständig wurde es von jemandem aus ihrem Bekanntenkreis ins Netz gestellt und somit ihrer Fangemeinde gegen ihren Willen zugänglich, was dazu führte, dass sie den Roman verwarf.[382] Der Kampf gegen die Anbieter von illegalem Content scheint aussichtlos – Anbieter können zwar zum Löschen ihres Angebots gezwungen werden, doch kaum ist eine Kopie gelöscht, laden andere Nutzer eine neue Version eines E-Books hoch.[383]

5.4.6 Maßnahmen der Buchindustrie

Auch wenn die deutschsprachigen Verlage noch keinen effizienten Weg gefunden haben, gegen die E-Book-Piraterie vorzugehen, schauen sie dem Treiben der Filehoster nicht tatenlos zu. Allerdings ist auch bei der Bekämpfung der Piraterie eine Diskrepanz zwischen dem angloamerikanischen und dem deutschen Sprachraum zu erkennen. Während sich viele Verlage im deutschen Sprachraum noch nicht eingehend mit dem Problem Raubkopien auseinandersetzen und vor allem ihre Augen vor dem Ausmaß der Piraterie verschließen, nimmt man das Thema im angloamerikanischen Raum sehr ernst. Die erste Anlaufstelle für Verlage bei der Pirateriebekämpfung sind jedenfalls die Branchenverbände, welche dabei unterstützen können, illegale Inhalte aus dem Internet zu entfernen. Die englische Publishers Association (PA) etwa hat auf ihrer Website für ihre Mitglieder ein Copyright-Infringement-Portal eingerichtet, wo sogenannte »offending sites« eingetragen werden können, die im Anschluss automatisiert eine Takedown Notice zugesendet bekommen. Die PA gibt aber auch an, dass sich die Verlagsbranche mit der Masse an illegalem Content aktuell überfordert sieht:[384] »The sheer volume of online infringements has, until now, meant the workload required to take effective action was too great for the industry to support.«[385]

Auch die *Association of American Publishers* (AAP), der Branchenverband der US-amerikanischen Buchindustrie, bietet seinen Mitgliedern die Möglichkeit eines Eintrags auf dem Copyright-Infringement-Portal. Die Infringement Reports auf der Einstiegsseite des Portals geben außerdem Auskunft über den Stand der Aktivitäten der Maßnahme. Wie viele Raubkopien bisher gemeldet wurden, wie viele Takedown Notices verschickt wurden und welche Anbieter am besten oder schlechtesten kooperieren, ist hier einsehbar.[386]

Im deutschen Sprachraum engagiert sich der Börsenverein durch Lobbyarbeit und Musterverfahren gegen die E-Book-Piraterie. Anfang 2010 unterstützte er beispielsweise ein Musterverfahren zweier Verlage gegen den Filehoster RapidShare, das erfolgreich gegen die widerrechtliche Online-Publikation vorging.[387] Andere Verlage wie Campus oder de Gruyter haben ebenfalls über vom Börsenverein unterstützte Klagen gegen RapidShare durchgesetzt, dass illegal kopierte Inhalte dauerhaft von der Plattform entfernt werden mussten. Zusätzlich zu der Möglichkeit, juristisch gegen die Anbieter von Raubkopien vorzugehen, gibt es auch noch einen technischen Weg, den eine Reihe anderer Verlage wie Wiley oder die Galileo Press in Deutschland gehen. Der Bonner Fachbuchverlag Galileo Press setzt im Kampf gegen die Piraterie auf die Takedown Notices. Er arbeitete dabei mit dem bereits erwähnten Web-Monitoring-Spezialisten Attributor zusammen, der Konzepte für den Schutz und den sicheren Vertrieb von digitalem Content entwickelt. Mithilfe einer speziellen Such-Software spürt Attributor illegale Inhalte auf und versendet dann Take-down Notices an den jeweiligen Filehoster. Links zu den illegalen Dateien, wie sie etwa auf Foren zu finden sind, werden zwar auf diesem Weg nicht entfernt, sie führen aber dann ins Leere. Ralf Kaulisch, der Geschäftsführer der Galileo Press, hofft, auf diesem Weg eine Frustration bei den Nutzern dieser illegalen Inhalte zu erwirken, damit sie die Lust an der Nutzung von Raubkopien verlieren. Laut Kaulisch wirkt sich die Piraterie zwar noch nicht auf das Geschäft der Galileo Press aus, sieht aber allein schon zum Schutz der Autoren die Notwendigkeit für ein solches *Takedown-Notice*-Verfahren.[388]

Ein Vorgehen gegen *Filehoster* wird also auch im deutschsprachigen Raum schon systematisch praktiziert, doch ein solches automatisiertes Verfahren allein nicht genügt, um der Piraterie Herr zu werden. Je rigider die Verfolgung wird, desto eifriger suchen die Nutzer von Raubkopien nach Möglichkeiten, um ihre Piraterie-Aktivitäten ungehindert fortzusetzen. Sie suchen sich dann Kanäle, über die sie weiterhin urheberrechtlich geschütztes Material ungescholten tauschen können, etwa über Smartphones und Tablets. Diese sogenannte mobile Piraterie ist sehr schwer verfolgbar, da die Geräte über keine eindeutigen IP-Adressen verfügen. Der Offline-Tausch von Medieninhalten über Festplattentausch ist außerdem ebenfalls strafrechtlich so gut wie nicht verfolgbar.[389] Es verhält sich beim Versenden von Takedown Notices also wie beim Vorgehen gegen Seiten in größerem Rahmen, der endgültigen Schließung – es mag ein kurzfristiger Sieg errungen werden, aber den Willen zum Rechtsbruch der Piraten kann das nicht verhindern. Es werden lediglich neue Möglichkeiten gesucht, um mit den Aktivitäten fortzufahren.

Um der E-Book-Piraterie tatsächlich effektiv Einhalt zu gebieten, scheint es unerlässlich, dass die Buchbranche funktionierende Geschäfts- und Vertriebsmodelle für die Nutzung von E-Books im Internet ersinnt. Die erfolgreichsten und innovativsten E-Book-Geschäftsmodelle im World Wide Web sind jene von internationalen Wissenschaftsverlagen wie etwa Springer. Dieser bietet Universitäten und anderen Institutionen Flatrates für die Nutzung seines E-Book-Angebots an. Dabei wird ein Pauschalbeitrag geleistet, und die Nutzer können im Anschluss sämtliche digitale Inhalte nutzen. Auch das Geschäftsmodell, bei dem nur einzelne Kapitel eines Titels gekauft werden können, scheint von Nutzern gut angenommen zu werden. Generell scheint die Idee der Flatrates zukunftsweisend zu sein.

Die Content- oder Kulturflatrate ist ein Bezahlmodell, nach welchem urheberrechtlich geschützte kreative Inhalte wie Bücher, Musikstücke oder Filme durch eine monatlich entrichtete pauschale Gebühr in unbeschränktem Umfang im Internet heruntergeladen, genutzt und getauscht werden dürfen.[390]

Amazon etwa hatte 2012 eine Flatrate für Kindle-E-Books in Planung,[391] auch wenn man sich auf Seite der Rechteinhaber vor allem im deutschsprachigen Raum vehement dagegen verwehrte. Die spezielle Situation im deutschsprachigen Raum stellt sich als extrem ablehnend gegenüber Flatrates dar,[392] wie die Diskussionen rund um die sogenannte Kulturflatrate zeigen. Der Börsenverein etwa ist entschiedener Gegner eines solchen Modells, da er der Meinung ist, dass es privates geistiges Eigentum zum öffentlichen Gut machen würde. Der Börsenverein sieht dabei besonders das Recht des Urhebers in Gefahr, der nicht mehr darüber bestimmen kann, wie und in welchem Umfang sein Werk genützt wird. Außerdem wird so laut Börsenverein geistige Schöpfung nicht mehr angemessen vergütet.[393] Es bleibt also noch abzuwarten, welche Schritte die Buchbranche in Zukunft gehen wird und welche Geschäftsideen sich im Internet durchsetzen lassen. Es scheint jedenfalls unabdingbar, dass Verlage ihr E-Book-Angebot so modifizieren, dass es auch angenommen wird und Leser nicht auf das Raubkopien-Angebot ausweichen. Mit juristischem und technischem Vorgehen gegen Piraterie alleine scheint man jedenfalls aus gegenwärtiger Sicht auf verlorenem Posten.

6. Zusammenfassung und Ausblick

Das Geschäft mit elektronischen Büchern weist ein geografisches Gefälle auf. Insbesondere im deutschsprachigen Raum verzeichnet es noch nicht denselben Entwicklungsgrad wie im englischsprachigen. Während E-Books in den USA boomen, hinken Kontinentaleuropa und der Rest der Welt mit Angebot und Nachfrage noch massiv hinterher. Für die Zukunft erwartet man allerdings, dass der deutschsprachige E-Book-Markt eine erhebliche Entwicklung erfahren wird. Voraussetzung dafür ist, dass einige Markthemmnisse, die hierzulande eine ähnliche Dynamik wie in den USA verhindern, überdacht werden. Mit dem Wachstum des E-Book-Segments geht außerdem eine Reihe von Herausforderungen einher, die innerhalb der Buchindustrie in Zukunft thematisiert werden müssen. Wie in den anderen Kreativbranchen ist das wachsende digitale Geschäft auch im Bereich der E-Books von Produktpiraterie begleitet. Selbst dieser relativ neue Geschäftszweig hat schon mit illegaler Aktivität im Internet zu kämpfen, auch wenn viele Verlage vor allem in Kontinentaleuropa sich mit der Bedrohung durch Raubkopien noch nicht in gebotenem Ausmaß auseinandersetzen. Es ist von enormer Wichtigkeit, dass innerhalb der Buchbranche schon früh damit begonnen wird, sich mit den Gründen für das Ausweichen der Kunden auf Raubkopien auseinanderzusetzen und eventuelle Gegenmaßnahmen zu ergreifen. Andernfalls drohen der Branche im schlimmsten Fall irreversible Entwicklungen, wie sie die Musik- und Filmindustrie bereits hinter sich haben.

Die Gründe für E-Book-Piraterie sind zahlreich. Deshalb sollen die Hauptgründe für ein Ausweichen auf illegale Quellen noch einmal skizziert werden. In erster Linie kann das Angebot an elektronischen Büchern im deutschsprachigen Raum die Nachfrage noch nicht befriedigen. Das E-Book hat auch hier bereits eine breite Anhängerschaft gefunden, die Content verlangt, diesen aber in dem Ausmaß, in dem sie es wünscht, noch nicht erhält. Es existiert zwar eine Reihe von E-Book-Plattformen, die deutschsprachige Inhalte vertreiben, die Zahl der verfügbaren Titel ist aber noch zu gering. Der Einstieg von Amazon in den deutschsprachigen Markt ist zwar ein Meilenstein für den Vertrieb deutschsprachiger Titel, viele andere Plattformen werden allerdings als konsumentenfeindlich wahrgenommen, wegen mangelnder Usability oder zu hohen Preisen. Das Pricing von E-Books ist ein weiterer Grund, warum Leser auf illegale Kanäle ausweichen. Der Preis eines elektronischen Buches beläuft sich hierzulande typischerweise auf den günstigsten Preis des Printprodukts. Das entspricht einer Preisersparnis von maximal wenigen Euro. Konsumenten sind aber nicht gewillt, für eine Datei nahezu so viel zu bezahlen wie für ein physisches Buch. Der erhöhte Mehrwertsteuersatz als auch die Buchpreisbindung sind weitere zentrale Faktoren, die im deutschsprachigen Raum ein dynamisches E-Book-Geschäft unmöglich machen. Ebenfalls ein wichtiger Punkt ist das Digital Rights Management. DRM wird weitgehend als konsumentenfeindlich betrachtet. Ursprünglich als Schutz gegen Raubkopien gedacht, hat es sich zu einer der zentralen Ursachen für ebendiese entwickelt. Der Kauf eines DRM-geschützten Titels erfordert umständliche Registrierungsprozesse und schränkt die Nutzung eines gekauften E-Books in der Regel stark ein. Dazu kommen etwaige Kompatibilitätsprobleme mit E-Readern. Diese Tatsachen führen dazu, dass mittlerweile auch der Börsenverein des Deutschen Buchhandels von der Verwendung von DRM abrät und einen Kopierschutz mittels Wasserzeichen empfiehlt, der das Kauf- und Leseerlebnis des Nutzers nicht in diesem Ausmaß einschränkt. Die Unterschiedlichkeit der E-Book-Formate wird außerdem als problematisch empfunden. Bisher konnte man sich noch nicht auf einen Standard einigen. Solange noch nicht jedes Format mit jedem Lesegerät kompatibel ist, werden auch die Formate weiterhin ein möglicher Grund für das Ausweichen auf Raubkopien bleiben.

Mit der fortschreitenden Entwicklung des digitalen Geschäfts werden auch Diskussionen rund um das Urheberrecht immer wichtiger. Einer der prominentesten Streitfälle der jüngeren Vergangenheit, der langwierige Disput zwischen Google und einzelnen Rechteinhabern, die gegen die unautorisierte Digitalisierung ihrer Werke gerichtlich vorgingen, hat einmal mehr gezeigt, wie wichtig die Wahrung von Urheberrechten in einem World Wide Web, das sich fortschreitend zur rechtsfreien Zone etabliert, tatsächlich ist. Um sich vor Online- Piraterie zu schützen, sehen die Kreativindustrien eine Notwendigkeit für einen rigideren Schutz von Immaterialgüterrechten im Internet. In der nahen Vergangenheit gab es demnach eine Reihe von politischen Initiativen, die auf eine vehementere Verfolgung von Raubkopierern abzielten. Drei der herausragendsten Maßnahmen sind in diesem Zusammenhang interessant: die US-amerikanischen Gesetzesvorlagen SOPA und PIPA sowie das europäische Handelsabkommen ACTA. Diese Initiativen verdeutlichen, dass die Intention hinter prohibitiveren Urheberrechten nicht immer die Wahrung von Recht und Ordnung im Internet zu sein scheint, durch die Rechteinhaber und Konsumenten profitieren. Vielmehr handelt es sich dabei um Gesetzgebungen, die in erster Linie die Interessen der Industrielobbyisten schützen sollen und die Rechte von Internetnützern radikal einzuschränken drohen.

Die E-Book-Piraterie ist ein relativ neues Phänomen, aber eines, das sich laut diverser Studien als ein ernstzunehmendes Problem für die Buchbranche herausstellen könnte. Die Vorzeichen, dass die Piraterie tatsächlich droht, Umsatzzahlen einbrechen zu lassen, sind jedenfalls bereits vorhanden. Die Nachfrage nach Raubkopien ist im deutsch- als auch im englischsprachigen Raum vorhanden. Auswertungen von Suchanfragen bezüglich E-Books im Internet weisen einen deutlichen Bezug zur Piraterie auf. E-Book-Raubkopierer profitieren vor allem davon, dass eine Piraterie-Infrastruktur bereits vorhanden ist und Nutzer daran gewöhnt sind, sich ihre Inhalte illegal aus dem Internet zu organisieren. Die Analyse der Struktur der illegalen E-Book-Angebote zeigt, dass sich die Piraterieaktivitäten rund um elektronische Bücher primär auf Websites konzentrieren, die durch Direct Download Links illegalen Content zur Verfügung stellen. Aufgrund der schwierigeren Möglichkeiten von rechtlicher Verfolgung und der kleineren Dateigrößen werden diese Kanäle Peer-to-Peer-Netzwerken und Torrents vorgezogen. Betrachtet man das Angebot an raubkopierten E-Books, ist auffällig, dass kaum diskriminiert wird: So gut wie alle Genres und Typen sind illegal im Internet erhältlich. Besonders beliebt ist dabei die Piraterie von Fachbüchern. Aufgrund ihrer meist hohen Preise und ihres Must-have-Faktors für bestimmte Personengruppen werden sie außergewöhnlich oft raubkopiert. E-Book-Raubkopien sind entweder widerrechtlich vervielfältigte Versionen von bereits digitalisierten Titeln oder selbst eingescannte oder fotografierte Versionen von physisch vorliegenden Werken. Geräte zum Scannen von Büchern werden immer leistungsfähiger und preiswerter, mittlerweile gibt es technisch sehr ausgereifte Produkte zu günstigen Preisen, die einer Piraterie im großen Stil Tür und Tor öffnen könnten.

Welchen Einfluss die Piraterie zum heutigen Standpunkt auf die Umsatzentwicklung im E-Book-Segment hat, bleibt noch abzuwarten. Dass sie jedenfalls eine Dynamik an den Tag legt, der das legale Geschäft mit elektronischen Büchern hinterherhinkt, muss Anlass zu eingehender Beschäftigung mit möglichen Gegenmaßnahmen seitens der Buchindustrie werden. Wie sich die E-Book-Piraterie entwickeln wird, ist zu diesem Zeitpunkt noch sehr schwer abzuschätzen. Dennoch kann man bereits einige Überlegungen anstellen, welche Maßnahmen die Buchindustrie ergreifen kann, um einer ähnlichen Piraterie-Dynamik, wie sie die Musik- und Filmindustrie kennt, den Wind aus den Segeln zu nehmen. Vor allem im deutschsprachigen Raum wäre es notwendig, zu begreifen, dass das Geschäft mit E-Books anderen Regeln folgen muss als jenes mit dem gedruckten Buch. Im globalen Datenverkehr spielen nationale Regelungen eine untergeordnete Rolle – vor allem die Buchpreisbindung für E-Books wäre unter diesem Gesichtspunkt dringend zu überdenken. Grundsätzlich sollte forciert werden, auf internationaler Ebene markt- und konkurrenzfähig zu werden. Das kann nur funktionieren, wenn sich das Pricing ein Stück weit an erfolgreicheren Modellen orientiert. Im Vertrieb bedarf es attraktiver, unkomplizierter und intuitiv navigierbarer Plattformen, die die Anzahl der Klicks bis zum endgültigen Kauf so gering wie möglich halten. DRM wird außerdem als Schikane empfunden und ist vor allem kontraproduktiv, die E-Books der Zukunft sollten maximal mit Wasserzeichen auskommen. Was die Piraterie betrifft, krankt es weltweit bereits am Zugang. Raubkopien werden nur dann nicht genutzt, wenn es sinnvolle legale Alternativen gibt, die von den Konsumenten angenommen werden. Mit großer Wahrscheinlichkeit muss man sich von der Erwartung verabschieden, man könnte den Kunden begleitet durch politische Repressionsmaßnahmen Geschäftsmodelle aufzwingen, die nicht ihren Bedürfnissen entsprechen. Takedown-Notice-Verfahren und Abmahnungen allein können dem Problem nicht beikommen, diese Maßnahmen haben höchstens ergänzend Sinn. Konsumenten nach den eigenen Vorstellungen zu erziehen ist auch der Musik- und Filmindustrie nicht gelungen. Doch diese Branchen haben Mittel und Wege gefunden, um das Problem zwar nicht zu beseitigen, aber es als Impuls für notwendige Innovationen zu betrachten. Auch die Buchbranche hat also jeden Grund, zuversichtlich in die Zukunft zu blicken.

Anmerkungen

1 Vgl. Umberto Eco/Jean-Claude Carrière: Die große Zukunft des Buches, S. 5ff.
2 Vgl. ebd., S. 13.
3 Ebd., S. 14f.
4 Vgl. Michael Roesler-Graichen: Reader stimulieren die E-Book-Verkäufe, S. 22.
5 Vgl. ebd., S. 22.
6 Vgl. Michael Roesler-Graichen: Mit Vorsicht zu genießen, S. 20.
7 Vgl. Michael Roesler-Graichen: Reader stimulieren die E-Book-Verkäufe, S. 22.
8 Vgl. o. V.: E-Reader liegen vor Tablets, S. 13.
9 Lauren Indvik: Ebook Sales Expected to Reach $ 9,7 Billion by 2016 (13. 2. 2012).
10 Vgl. Christian Damke: Strategische Analyse neuer Technologien für die Vermarktung von Büchern, S. 207.
11 Vgl. Markus Toyfl: Auf der Suche nach E-Books, S. 25.
12 Vgl. Markus Toyfl: E-Book-Produktion in Österreich, S. 26.
13 Vgl. Umfrage zum E-Book-Angebot in österreichischen Verlagen, S. 14f.
14 Vgl. ebd., S. 16.
15 Vgl. ebd., S. 21.
16 Vgl. Umbruch auf dem Buchmarkt? Das E-Book in Deutschland. Online einzusehen unter http://boersenverein. de/sixcms/media. php/976/ E-Book-Studie_2011. pdf (28. 11. 2011).
17 Vgl. Markus Toyfl: Der E-Book-Markt, S. 24.
18 Vgl. Alexander Skipis: Lokal und digital, S. 15.
19 Vgl. Holger Ehling: Viel Hype und wenig Markt, S. 16.
20 Vgl. Susanne Kraus: E-Books auf mobilen Endgeräten, S. 45.
21 Vgl. Holger Ehling: Viel Hype und wenig Markt, S. 16.
22 Vgl. ebd., S. 16.
23 Vgl. ebd., S. 16.
24 Vgl. ebd., S. 17.
25 Daten ermittelt vom Börsenverein des Deutschen Buchhandels in Holger Ehling: Viel Hype und wenig Markt, S. 16.
26 Vgl. Christian Damke: Strategische Analyse neuer Technologien für die Vermarktung von Büchern, S. 207.

27 Dabei handelt es sich um Anwendungsprogramme für Smartphones und Tablets, die über einen in das Betriebssystem integrierten Onlineshop bezogen und direkt auf dem Gerät genutzt werden können.

28 Markus Toyfl: Vortrag zum Thema E-Books im Hauptverband des Österreichischen Buchhandels. Wien, 15. 11. 2011.

29 Vgl. Markus Toyfl: Die Evolution des E-Books beginnt erst, S. 27.

30 Vgl. Susanne Kraus: E-Books auf mobilen Endgeräten, S. 22.

31 Vgl. Kirchner + Robrecht management consultants: eBooks und eReader: Marktpotenziale in Deutschland, S. 2.

32 Einen guten Überblick über die aktuellsten E-Reader gibt das vom Börsenblatt des Deutschen Buchhandels ermittelte ›Who's who der Lesegeräte‹ einsehbar auf http://www.boersenblatt.net/media/747/Reader.687503.pdf (14. 2. 2011).

33 Vgl. Kirchner + Robrecht management consultants: eBooks und eReader: Marktpotenziale in Deutschland, S. 15.

34 Vgl. ebd., S. 15.

35 Vgl. Markus Toyfl: Der globale Tablet- und E-Reader-Markt, S. 28.

36 Vgl. Susanne Kraus: E-Books auf mobilen Endgeräten, S. 31.

37 Vgl. Selbstdarstellung des Unternehmens auf seiner Website unter http://www. textunes. de/WebObjects/textunes. woa/cms/1023124/UEber-textunes.html (20. 3. 2012).

38 Vgl. Marco Evers/Martin U. Müller: Die eVolution (9. 1. 2012).

39 Vgl. Susanne Kraus: E-Books auf mobilen Endgeräten, S. 48. Bei Emoticons handelt es sich um Folgen aus Satzzeichen, die ein Smiley bilden, um in der elektronischen Kommunikation Stimmungs- und Gefühlszustände auszudrücken.

40 Vgl. Markus Toyfl: Die Evolution des E-Books beginnt erst, S. 26.

41 Vgl. o. V.: Der Leser soll gläsern sein (14. 2. 2012).

42 Vgl. Markus Toyfl: Die Evolution des E-Books beginnt erst, S. 26.

43 Vgl. Silke Rabus: Digitaler Spielplatz, S. 29.

44 Quick Response Code: zweidimensionaler Code, der aus einer quadratischen Matrix aus schwarzen und weißen Punkten besteht, die die kodierten Daten binär darstellen. Der Code kann von den meisten gängigen Smartphones gelesen werden.

45 Vgl. Frank Magdans: Leuchtstreifen und gedruckte Hyperlinks, S. 46.

46 Vgl. Silke Rabus: Digitaler Spielplatz, S. 29.

47 Markus Toyfl: Vortrag zum Thema E-Books im Hauptverband des Österreichischen Buchhandels. Wien, 15. 11. 2011.

48 Vgl. o. V.: Rowlings Hogwarts-Buchexpress, S. 9.

49 Vgl. o. V.: Pottermore-Shop öffnet erst 2012 (9. 1. 2012).
50 Vgl. Michael Roesler-Graichen: Harry Potter an der digitalen Leine, S. 16.
51 Vgl. o. V.: Der Rowling-Google-Deal, S. 9.
52 Vgl. o. V.: Rowlings Hogwarts-Buchexpress, S. 9.
53 Vgl. Raphaela Sabel: »Der Inhalt, das bin ich«, S. 12.
54 Vgl. Michael Roesler-Graichen: Harry Potter an der digitalen Leine, S. 16.
55 Ebd., S. 16.
56 Vgl. Michael Roesler-Graichen: Harry Google, S. 10.
57 Vgl. Michael Roesler-Graichen: Harry Potter an der digitalen Leine, S. 17.
58 Daten entnommen aus der grafischen Darstellung in Tamara Weise: Das große Rad drehen, S. 15. Online-Version siehe Literaturverzeichnis.
59 Vgl. o. V.: Was dürfen E-Books kosten? (20. 3. 2012).
60 Daten ermittelt vom Börsenverein des Deutschen Buchhandels in: Michael Roesler-Graichen: Dynamisch sind nur die Anbieter, S. 52. Das Angebot auf Buch. de und Thalia. de wird zusammengefasst betrachtet, da beide Portale der Buch. de Internetstores AG zugehörig sind, die mehrere Webshops im deutschsprachigen Raum unter ihrem Dach vereint. Siehe http://ag.buch.de/ag/index.php?docID=4 (28. 2. 2012). Das Ergebnis von Buecher. de entstammt einem Suchergebnis auf der Website des Portals: http://www.buecher.de/rubrik/start/ebooks/24/ (28. 2. 2012). Die Anzahl der E-Book-Titel auf libreka! stammt von http://www.libreka.de/help#information (27. 2. 2012).
61 Unter dem Begriff ›Warez‹ versteht man Raubkopien.
62 Vgl. Manuel Bonik/Andreas Schaale: Gutenberg 3.0 – Ebook-Piraterie in Deutschland. Online-Version siehe Literaturverzeichnis.
63 Vgl. ebd.
64 Vgl. Tamara Weise: Das große Rad drehen, S. 15.
65 Vgl. ebd., S. 14.
66 Vgl. ebd., S. 15.
67 Vgl. ebd.
68 Vgl. o. V.: Initialzündung für den E-Book-Verkauf, S. 4.
69 Vgl. Tamara Weise: Das große Rad drehen, S. 16.
70 Vgl. ebd., S. 16.
71 Vgl. o. V.: Initialzündung für den E-Book-Verkauf, S. 4.
72 Vor allem Apple mit dem iPad und Barnes & Noble mit dem Nook.
73 Vgl. o. V.: Kampfpreise bei Amazon, S. 11.

74 Vgl. Tamara Weise: Das große Rad drehen, S. 16.
75 Selbstdarstellung von libreka! auf http://www.mvb-online.de/buch-haendler/so-erleichtern-wir-ihren-alltag/libreka/libreka.html (15. 1. 2012).
76 Rubrik »Über libreka!« auf der Website des Unternehmens: http://www. libreka. de/help#information (15. 1. 2012).
77 Vgl. o. V.: »libreka! als Chance erkennen«, S. 21.
78 Vgl. o. V.: libreka! mit eigener Website in Österreich (boersenblatt. net) (15. 1. 2012).
79 Vgl. Marco Evers/Martin U. Müller: Die eVolution (7. 1. 2012).
80 Vgl. Selbstdarstellung von libreka! auf http://www.mvb-online.de/ buchhaendler/so-erleichtern-wir-ihren-alltag/libreka/libreka.html (15. 1. 2012).
81 Vgl. Sabine Cronau/Christina Schulte: Im Auge des E-Sturms, S. 18f.
82 Vgl. Johannes Haupt: Libreka: Nur 32 eBook-Verkäufe in 09/09? (15. 1. 2012).
83 Vgl. Anon.: Zur Buchmesse 2009: Libreka ungeschminkt. Online einsehbar unter http://wlstorage.net/file/libreka-ungeschminkt-2009. pdf (18. 5. 2012).
84 Vgl. ebd. (18. 5. 2012).
85 Vgl. o. V.: »Download-Days übertreffen die Erwartungen« (15. 1. 2012).
86 Vgl. Robert Wilking: »Die Branche will VLB und Libreka« (15. 1. 2012).
87 Vgl. Lucy Kivelip: »Libreka muss unabhängig bleiben« (15. 1. 2012).
88 Frank Patalong: Schuss in den eigenen Fuß (5. 12. 2011).
89 Vgl. ebd.
90 Vgl. ebd.
91 Vgl. o. V.: Mehr Handlungsfreiheit, S. 9.
92 Konrad Lischka: Darum floppt das E-Book-Portal des Buchhandels (1. 1. 2012).
93 Vgl. Sabine Cronau/Christina Schulte: Im Auge des E-Sturms, S. 18f.
94 Markus Toyfl: PagePlace, S. 20.
95 Vgl. o. V.: Telekom lässt libreka! liefern, S. 11.
96 Vgl. o. V.: libreka! unterstützt ab sofort auch »harten« Kopierschutz (15. 1. 2012).
97 Markus Toyfl: Vortrag zum Thema E-Books im Hauptverband des Österreichischen Buchhandels. Wien, 15. 11. 2011.
98 Vgl. Eike Kühl: Des E-Books stolzer Preis (5. 12. 2011).
99 Vgl. ebd.
100 Vgl. ebd.
101 Vgl. ebd. (7. 1. 2012).

102 Stellungnahme des Börsenvereins des Deutschen Buchhandels zur Preisbindung von E-Books. Online einsehbar unter http://www.boersenverein.de/sixcms/media.php/976/Preisbindung_von_E-Books_Stellungnahme_des_Vorstands.pdf. (20. 3. 2012).

103 Vgl. Rainer Dresen: Preisbindung für E-Books (7. 1. 2012).

104 Vgl. Stellungnahme des Börsenvereins des Deutschen Buchhandels zur Preisbindung von E-Books. Online einsehbar unter http://www.boersenverein.de/sixcms/media.php/976/Preisbindung_von_E-Books_Stellungnahme_des_Vorstands. pdf (20. 3. 2012).

105 Vgl. Rainer Dresen: Preisbindung für E-Books (7. 1. 2012).

106 Vgl. Susanne Kraus: E-Books auf mobilen Endgeräten, S. 20f.

107 Vgl. Stellungnahme des Börsenvereins des Deutschen Buchhandels zur Preisbindung von E-Books. Online einsehbar unter http://www.boersenverein.de/sixcms/media.php/976/Preisbindung_von_E-Books_Stellungnahme_des_Vorstands. pdf (20. 3. 2012).

108 Vgl. Frank Patalong: Schuss in den eigenen Fuß (5. 12. 2011).

109 o. V.: Amazons Preisgrenze für E-Books wackelt (20. 3. 2012).

110 Vgl. Eike Kühl: Des E-Books stolzer Preis (5. 12. 2011).

111 Vgl. Henning Steier: Musikindustrie soll kein Vorbild sein (5. 12. 2011).

112 Vgl. o. V.: Hahn zugedreht, S. 11.

113 Vgl. Eike Kühl: Des E-Books stolzer Preis (5. 12. 2011).

114 Vgl. o. V.: Was dürfen E-Books kosten? Teil 2: Amazon und die Zukunft (20. 3. 2012).

115 Vgl. ebd. (20. 3. 2012).

116 Vgl. Frank Patalong: Schuss in den eigenen Fuß (5. 12. 2011).

117 Guido Kucsko: Urheber. recht, S. 1316.

118 Ebd., S. 1316.

119 Dirk Günnewig: Architecture is Policy! S. 410.

120 Ebd., S. 411.

121 Deutsches Urheberrechtsgesetz Gesetzestext § 108b Unerlaubte Eingriffe in technische Schutzmaßnahmen und zur Rechtewahrnehmung erforderliche Informationen. Online einsehbar unter http://www.gesetze-im-internet.de/urhg/__108b.html (5. 3. 2012).

122 Guido Kucsko: Urheber. recht, S. 1329.

123 Ebd.

124 US-amerikanisches Copyright Law Gesetzestext § 1201. Circumvention of copyright protection systems. Online einsehbar unter http://law.copyrightdata.com/index.php#1201 (6. 3. 2012).

125 US-amerikanisches Copyright Law Gesetzestext § 1204. Criminal offenses and penalties. Online einsehbar unter http://law. copyrightdata.com/index.php#1204 (6. 3. 2012).

126 Dirk Günnewig: Architecture is Policy! S. 413.

127 Vgl. Susanne Kraus: E-Books auf mobilen Endgeräten, S. 32.

128 Vgl. ebd., S. 33.

129 Vgl. Jürgen Scheele/Robin Meyer-Lucht: Libreka!: Der E-Book-Flopp des Börsenvereins (15. 1. 2012).

130 Vgl. Susanne Kraus: E-Books auf mobilen Endgeräten, S. 34.

131 Vgl. PricewaterhouseCoopers: E-Books in Deutschland, S. 36. Online einsehbar unter http://www.pwc.de/de_DE/de/technologie-medien-und-telekommunikation/assets/E-books_in_Deutschland_-_Beginn_einer_neuen_Gutenberg-Aera.pdf (19. 5. 2012).

132 Vgl. Susanne Kraus: E-Books auf mobilen Endgeräten, S. 34.

133 Vgl. Marco Evers/Martin U. Müller: Die eVolution (7. 1. 2012).

134 Vgl. Susanne Kraus: E-Books auf mobilen Endgeräten, S. 34.

135 Publiziert 2009 beim US-Verlag Doubleday, einem Verlag der Random-House-Gruppe.

136 Vgl. Susanne Kraus: E-Books auf mobilen Endgeräten, S. 35.

137 Sabine Schwietert/Tamara Weise: Lieber E-Books als Raubkopien, S. 35.

138 Vgl. PricewaterhouseCoopers: E-Books in Deutschland, S. 36.

139 Jennifer Schwanenberg/Andreas Artmann: iPad, E-Book, EPUB: Bücher im digitalen Vertrieb (28. 2. 2012).

140 Vgl. PricewaterhouseCoopers: E-Books in Deutschland, S. 36.

141 Vgl. ebd., S. 36.

142 Jennifer Schwanenberg/Andreas Artmann: iPad, E-Book, EPUB: Bücher im digitalen Vertrieb (7. 2. 2012).

143 o. V.: Amazon löscht digitale Exemplare von »1984« (7. 2. 2012).

144 Vgl. Susanne Kraus: E-Books auf mobilen Endgeräten, S. 33.

145 Vgl. PricewaterhouseCoopers: E-Books in Deutschland, S. 36.

146 Vgl. ebd., S. 36.

147 Vgl. Jürgen Scheele/Robin Meyer-Lucht: Libreka!: Der E-Book-Flopp des Börsenvereins (15. 1. 2012).

148 Vgl. ebd. (15. 1. 2012).

149 Siehe Angebot Atemschaukel von Herta Müller auf www. amazon. de: http://www. amazon. de/Atemschaukel-Herta-M%C3%BCller/dp/3596187508/ref=sr_1_2?ie=UTF8&qid=1326637613&sr=8-2 (15. 1. 212). Kauft man Waren im Wert von über 20 Euro, entfallen außerdem zusätzlich die Kosten für den Versand.

150 Vgl. Jürgen Scheele/Robin Meyer-Lucht: Libreka!: Der E-Book-Flopp des Börsenvereins (15. 1. 2012).

151 Vgl. Jürgen Scheele/Robin Meyer-Lucht: Libreka!: Der E-Book-Flopp des Börsenvereins (15. 1. 2012).

152 Vgl. Susanne Kraus: E-Books auf mobilen Endgeräten, S. 34.

153 Schild, Ronald: Piraten lieben DRM (20. 3. 2012).

154 Ebd. (20. 3. 2012).

155 Vgl. Susanne Kraus: E-Books auf mobilen Endgeräten, S. 35.

156 Julius Mittenzwei: Kopierschutz ohne Zukunft? (20. 3. 2012).

157 Vgl. Susanne Kraus: E-Books auf mobilen Endgeräten, S. 36.

158 Vgl. Jürgen Scheele/Robin Meyer-Lucht: Libreka!: Der E-Book-Flopp des Börsenvereins (15. 1. 2012).

159 Vgl. Susanne Kraus: E-Books auf mobilen Endgeräten, S. 37.

160 Vgl. Uwe Matrisch: Praktische Aspekte der eBook-Produktion (13. 2. 2012).

161 Stefan Böhringer: eBook Essentials #2: Dateiformate unter der Lupe (13. 2. 2012).

162 Vgl. o. V.: Formate, e-book Formate in der Übersicht, ePUB, PDF und Mobipocket (13. 2. 2012).

163 Vgl. Gregor Profanter: »Going digital!«, S. 90.

164 Vgl. Susanne Kraus: E-Books auf mobilen Endgeräten, S. 37f.

165 Vgl. ebd., S. 38f.

166 Vgl. Uwe Matrisch: Praktische Aspekte der eBook-Produktion (13. 2. 2012).

167 o. V.: Formate, e-book Formate in der Übersicht, ePUB, PDF und Mobipocket (13. 2. 2012).

168 Vgl. Stefan Böhringer: eBook Essentials #2: Dateiformate unter der Lupe (13. 2. 2012).

169 Vgl. ebd. (13. 2. 2012).

170 Vgl. Jennifer Schwanenberg/Andreas Artmann: iPad, E-Book, EPUB: Bücher im digitalen Vertrieb (7. 2. 2012).

171 Manfred Schütz: E-Book-Formate in der Übersicht (13. 2. 2012).

172 Vgl. Stefan Böhringer: eBook Essentials #2: Dateiformate unter der Lupe (13. 2. 2012).

173 Vgl. ebd. (13. 2. 2012).

174 Vgl. Manfred Schütz: E-Book-Formate in der Übersicht (13. 2. 2012)

175 Vgl. Stefan Böhringer: eBook Essentials #2: Dateiformate unter der Lupe (13. 2. 2012).

176 Vgl. Manfred Schütz: E-Book-Formate in der Übersicht (13. 2. 2012)

177 Jennifer Schwanenberg/Andreas Artmann: iPad, E-Book, EPUB:

Bücher im digitalen Vertrieb (7. 2. 2012).

178 o. V.: Formate, e-book Formate in der Übersicht, ePUB, PDF und Mobipocket (13. 2. 2012)

179 Vgl. Manuel Bonik/Andreas Schaale: Gutenberg 3.0 – Ebook-Piraterie in Deutschland. Online einsehbar unter http://www.abusesearch.com/Gutenberg3.0-Ebook_Piraterie_in_Deutschland.pdf (28. 2. 2012).

180 Vgl. Attributor Corporation: Demand for Pirated E-Books Research (4. 3. 2012).

181 Vgl. Manuel Bonik/Andreas Schaale: Gutenberg 3.0 – Ebook-Piraterie in Deutschland. Online einsehbar unter http://www. abuse-search.com/Gutenberg3.0-Ebook_Piraterie_in_Deutschland. pdf (4. 5. 2012).

182 Ebd.

183 Vgl. Sandra Csillag/Benedikt Föger/Gerhard Ruiss: 2011: Jahr der Urheberrechte, S. 32.

184 Vgl. Alexander Klett: Urheberrecht im Internet aus deutscher und amerikanischer Sicht, S. 26.

185 Vgl. Guido Kucsko: urheber.recht, S. L.

186 Vgl. ebd., S. 6.

187 Vgl. Zusammenfassung der EU-Gesetzgebung. Urheberrecht und verwandte Schutzrechte: Schutzdauer. Online einsehbar unter http://europa.eu/legislation_summaries/internal_market/businesses/intellectual_property/l26032_de. htm (6. 3. 3012).

188 Vgl. Guido Kucsko: urheber.recht, S. 185.

189 Vgl. Sandra Csillag/Benedikt Föger/Gerhard Ruiss: 2011: Jahr der Urheberrechte, S. 32.

190 Vgl. Guido Kucsko: Österreichisches und europäisches Urheberrecht, S. 20.

191 Vgl. Guido Kucsko: urheber.recht, S. 119.

192 Vgl. Sandra Csillag/Benedikt Föger/Gerhard Ruiss: 2011: Jahr der Urheberrechte, S. 33.

193 Vgl. Andi Sporkin: New. U. S. Copyright Industries Report Captures Impact on U. S. Economy, Jobs and Global Reach (22. 5. 2012).

194 Vgl. Claudio Deriu: Haftungsgrenzen im Urheberrecht, S. 9.

195 Vgl. o. V.: Das Schutzrecht der Kreativen, S. 42.

196 Vgl. Guido Kucsko: Österreichisches und europäisches Urheberrecht, S. 13f.

197 Vgl. Bettina Lucke: Die Google Buchsuche nach deutschem Urheberrecht und US-amerikanischem Copyright Law, S. 36.

198 Vgl. Thomas Kollbach: Seiteneffekte des Digital Millennium Copyright Act. Online einsehbar unter http://thomas.kollba.ch/files/hausarbeiten/chilling_effects.pdf (15. 3. 2012).
199 Vgl. Bettina Lucke: Die Google Buchsuche nach deutschem Urheberrecht und US-amerikanischem Copyright Law, S. 208.
200 Vgl. Alexander Klett: Urheberrecht im Internet aus deutscher und amerikanischer Sicht, S. 31.
201 W. J. Jaburek/R. Blaha: Copyright und Internet, S. 221.
202 Vgl. Bettina Lucke: Die Google Buchsuche nach deutschem Urheberrecht und US-amerikanischem Copyright Law, S. 208.
203 Vgl. Guido Kucsko: urheber.recht, S. 91.
204 United States Copyright Law § 102. Subject matter of copyright: In general. Online einsehbar unter: http://law.copyrightdata.com/index.php#102 (7. 7. 2012).
205 Bettina Lucke: Die Google Buchsuche nach deutschem Urheberrecht und US-amerikanischem Copyright Law, S. 209.
206 Ebd.
207 Ebd.
208 W. J. Jaburek/R. Blaha: Copyright und Internet, S. 221.
209 Brigitte Zarzer: Amerikanisches Copyright künftig auch in Österreich? (8. 3. 2012).
210 Vgl. Thomas Kollbach: Seiteneffekte des Digital Millennium Copyright Act. Online einsehbar unter http://thomas.kollba.ch/files/hausarbeiten/chilling_effects.pdf (15. 3. 2012).
211 World Intellectual Property Organization.
212 Vgl. Zusammenfassungen der EU-Gesetzgebung. Beitritt zu den WIPO-Verträgen (15. 3. 2012).
213 Vgl. Was sind die wichtigsten internationalen Quellen des Urheberrechts (15. 3. 2012).
214 Vgl. ebd.
215 Vgl. Thomas Kollbach: Seiteneffekte des Digital Millennium Copyright Act. Online einsehbar unter http://thomas.kollba.ch/files/hausarbeiten/chilling_effects. pdf (15. 3. 2012).
216 Vgl. ebd.
217 Vgl. ebd.
218 Dir. Terry Gillam: USA, 1995.
219 Dir. Joel Schumacher: USA, 1995.
220 Dir. Taylor Hackford: USA, 1997.
221 Lawrence Lessig: The Future of Ideas, S. 4.
222 Vgl. Thomas Kollbach: Seiteneffekte des Digital Millennium Copy-

right Act. Online einsehbar unter http://thomas.kollba.ch/files/ hausarbeiten/chilling_effects.pdf (15. 3. 2012)

223 Vgl. ebd.

224 Vgl. Bettina Lucke: Die Google Buchsuche nach deutschem Urheberrecht und US-amerikanischem Copyright Law, S. 245ff.

225 Ebd., S. 247.

226 Vgl. ebd., S. 248.

227 Vgl. Michael Roesler-Graichen: Der Autor bestimmt die Spielregeln, S. 16.

228 Vgl. Bettina Lucke: Die Google Buchsuche nach deutschem Urheberrecht und US-amerikanischem Copyright Law, S. 32.

229 Vgl. David A. Vise/Mark Malseed: Die Google-Story, S. 219f.

230 Bettina Lucke: Die Google Buchsuche nach deutschem Urheberrecht und US-amerikanischem Copyright Law, S. 27.

231 Vgl. David A. Vise/Mark Malseed: Die Google-Story, S. 219f.

232 Vgl. Bettina Lucke: Die Google Buchsuche nach deutschem Urheberrecht und US-amerikanischem Copyright Law, S. 32.

233 Vgl. Kathrin Huemer: Die Zukunft des Buchmarkts, S. 45f.

234 Bettina Lucke: Die Google Buchsuche nach deutschem Urheberrecht und US-amerikanischem Copyright Law, S. 28.

235 Vgl. Kathrin Huemer: Die Zukunft des Buchmarkts, S. 45f.

236 Christoph Drösser: Neues Leben für alte Bücher (27. 3. 2012).

237 Vgl. Ilja Braun: Wie Google sich um verwaiste Bücher sorgt (27. 3. 2012).

238 Vgl. Bettina Lucke: Die Google Buchsuche nach deutschem Urheberrecht und US-amerikanischem Copyright Law, S. 36.

239 Vgl. Kathrin Huemer: Die Zukunft des Buchmarkts, S. 45f.

240 Vgl. Bettina Lucke: Die Google Buchsuche nach deutschem Urheberrecht und US-amerikanischem Copyright Law, S. 38.

241 Vgl. Ilja Braun: Wie Google sich um verwaiste Bücher sorgt (27. 3. 2012).

242 Vgl. Bettina Lucke: Die Google Buchsuche nach deutschem Urheberrecht und US-amerikanischem Copyright Law, S. 34.

243 Vgl. ebd., S. 38.

244 Vgl. ebd., S. 46.

245 Dabei handelt es sich um eine amerikanische Interessensvertretung von Schriftstellern.

246 Vgl. Kathrin Huemer: Die Zukunft des Buchmarkts, S. 45–48.

247 Vgl. Michael Roesler-Graichen: Der Autor bestimmt die Spielregeln, S. 16.

248 Vgl. Benedicte Page: New York judge rules against Google books settlement (27. 3. 2012).
249 Vgl. Michael Roesler-Graichen: Der Autor bestimmt die Spielregeln, S. 16.
250 Vgl. Kathrin Huemer: Die Zukunft des Buchmarkts, S. 48f.
251 Vgl. Michael Roesler-Graichen: Der Autor bestimmt die Spielregeln, S. 16.
252 Vgl. o. V.: Das Google Book Settlement im Überblick, S. 23
253 Vgl. Christoph Drösser: Neues Leben für alte Bücher (27. 3. 2012)
254 Vgl. Michael Roesler-Graichen: Der Autor bestimmt die Spielregeln, S. 16. Der Gerichtsbeschluss des United States District Court ist online einsehbar unter: http://www.scribd.com/doc/51327711/google-books-settlement (7. 7. 2012).
255 Bettina Führer: US-Gericht lehnt Google-Vergleich ab, S. 22.
256 Ebd.
257 David A. Vise/Mark Malseed: Die Google-Story, S. 227.
258 Bettina Führer: US-Gericht lehnt Google-Vergleich ab, S. 22.
259 Vgl. Michael Roesler-Graichen: Der Autor bestimmt die Spielregeln, S. 16.
260 Vgl. Jonathan Band: The Google Print Library Project: A Copyright Analysis, S. 6. Online einsehbar unter http://www.policybandwidth.com/publications/googleprint.pdf (20. 5. 2012).
261 Vgl. Kai Biermann: USA debattieren Netzsperrgesetze (29. 4. 2012).
262 Vgl. Gesetztestext des Stop Online Piracy Act. Online einsehbar unter http://www.govtrack.us/congress/bills/112/hr3261/text (29. 4. 2012).
263 Vgl. Larry Magid: What Are SOPA and PIPA And Why All The Fuss? (29. 4. 2012).
264 Vgl. Felix Knoke: Erste Senatoren knicken nach Web-Protest ein (29. 4. 2012).
265 Gesetztestext des Stop Online Piracy Act. Online einsehbar unter http://www.govtrack.us/congress/bills/112/hr3261/text (29. 4. 2012).
266 Ebd. (30. 4. 2012).
267 Vgl. Christian Stöcker: Fünf Gründe für den Netz-Streik (30. 4. 2012).
268 Vgl. ebd. (30. 4. 2012).
269 Vgl. Jared Newman: SOPA and PIPA: Just the Facts (29. 4. 2012).
270 Vgl. Christian Stöcker: Fünf Gründe für den Netz-Streik (30. 4. 2012).
271 Vgl. ebd.

272 Vgl. ebd.
273 Vgl. ebd.
274 Vgl. o. V.: Was ist SOPA/PIPA? (29. 4. 2012).
275 Bildquelle: http://cdn.wiesoweshalbwarum.org/wp-content/uploads/2012/01/SOPA_blockade.jpg (29. 4. 2012).
276 Vgl. o. V.: Was ist SOPA/PIPA? (29. 4. 2012).
277 Vgl. ebd.
278 Vgl. Christian Stöcker: Fünf Gründe für den Netz-Streik (30. 4. 2012).
279 Vgl. Felix Knoke: Erste Senatoren knicken nach Web-Protest ein (27. 3. 2012).
280 Vgl. Patrick Beuth: Ein schwarzer Tag für die Befürworter von Netzsperren (29. 4. 2012).
281 Vgl. o. V.: Online-Protest stoppt US-Antipiraterie-Gesetz (30. 4. 2012).
282 Vgl. Christoph Golla: Das ACTA-Abkommen, S. 4. Online einsehbar unter http://www.dfn.de/fileadmin/3Beratung/Recht/1infobriefearchiv/DFN_Infobrief_05_10.pdf (1. 5. 2012).
283 Vgl. Konrad Lischka/Ole Reißmann: Das steckt hinter dem Acta-Streit (1. 5. 2012).
284 Vgl. Christoph Golla: Das ACTA-Abkommen, S. 5.
285 Vgl. Konrad Lischka/Ole Reißmann: Das steckt hinter dem Acta-Streit (1. 5. 2012)
286 Vgl. Christoph Golla: Das ACTA-Abkommen, S. 4.
287 Vgl. Konrad Lischka/Ole Reißmann: Das steckt hinter dem Acta-Streit (1. 5. 2012).
288 Ebd.
289 Vgl. European Commission Trade: The Anti-Counterfeiting Trade Agreement (ACTA). Online einsehbar unter http://trade.ec.europa.eu/doclib/docs/2009/january/tradoc_142039.pdf (1. 5. 2012).
290 Vgl. ebd., S. 2/5 (1. 5. 2012).
291 Vgl. Erika Mann: Ein Trauerspiel namens Acta (1. 5. 2012).
292 Einsehbar unter: http://register. consilium. europa. eu/pdf/de/11/st12/ st12196. de11. pdf (1. 5. 2012).
293 Vgl. Christian Stöcker: Fünf Gründe für den Netz-Streit (1. 5. 2012).
294 Vgl. ebd. (1. 5. 2012).
295 Vgl. o. V.: Mit ACTA erhält Musikindustrie die Vorratsdaten (1. 5. 2012).
296 Vgl. Konrad Lischka/Ole Reißmann: Das steckt hinter dem Acta-Streit (1. 5. 2012).
297 Vgl. Kai Biermann: USA debattieren Netzsperrgesetze (29. 4. 2012).

298 Bei kino. to handelte es sich um eine von der deutschen Staats-
anwaltschaft vom Netz genommene Video-on-demand-Website,
über die raubkopiertes Film- und Serienmaterial verbreitet wurde.
Siehe: http://www. heise. de/tp/blogs/6/150152 (1. 5. 2012).

299 Vgl. Tina Klopp: Studie über Kino. to-Nutzer bleibt unter Verschluss
(1. 5. 2012).

300 Vgl. ebd.

301 Vgl. Sascha Lobo: Acta und die Politik des Abgrunds (1. 5. 2012).

302 Vgl. ebd.

303 Vgl. Sascha Lobo: Verzweiflung macht aggressiv (1. 5. 2012).

304 Sascha Lobo: Acta und die Politik des Abgrunds (1. 5. 2012).

305 Vgl. ebd.

306 Vgl. Clemens Heigenhauser: Zur Strafbarkeit der Musik-, Video-
und Softwarepiraterie, S. 3.

307 Vgl. ebd., S. 25.

308 Vgl. ebd., S. 26.

309 Vgl. Claudio Deriu: Haftungsgrenzen im Urheberrecht, S. 20.

310 Vgl. Clemens Heigenhauser: Zur Strafbarkeit der Musik-, Video-
und Softwarepiraterie, S. 28.

311 Vgl. ebd.

312 Vgl. ebd, S. 28f.

313 Vgl. ebd., S. 29.

314 Optical Character Recognition.

315 Jan Krömer/Evrim Sen: No Copy – Die Welt der digitalen Raubkopie,
S. 114f.

316 Vgl. Clemens Heigenhauser: Zur Strafbarkeit der Musik-, Video-
und Softwarepiraterie, S. 31.

317 Vgl. ebd., S. 31ff.

318 Vgl. ebd., S. 34.

319 Vgl. Jan Krömer/Evrim Sen: No Copy – Die Welt der digitalen Raubkopie, S. 79.

320 Vgl. ebd., S. 80.

321 Vgl. ebd., S. 1.

322 Recording Industry Association of America.

323 Vgl. Jan Krömer/Evrim Sen: No Copy – Die Welt der digitalen Raubkopie, S. 83f.

324 Vgl. ebd., S. 84f.

325 Vgl. ebd., S. 86.

326 Vgl. Clemens Heigenhauser: Zur Strafbarkeit der Musik-, Video-
und Softwarepiraterie, S. 60.

327 Vgl. ebd., S. 34.
328 Vgl. Clemens Heigenhauser: Zur Strafbarkeit der Musik-, Video-
und Softwarepiraterie, S. 38.
329 IFPI: Digital Music Report 2012 (15. 5. 2012).
330 Ebd.
331 Vgl. Manuel Bonik/Andreas Schaale: Gutenberg 3.0 – Ebook-Piraterie in Deutschland. Online einsehbar unter http://www.abuse-
search.com/Gutenberg3.0-Ebook_Piraterie_in_Deutschland. pdf.
332 IFPI: Digital Music Report 2012 (15. 5. 2012).
333 Ebd.
334 Vgl. IFPI: Digital Music Report 2012 (15. 5. 2012)
335 Vgl. Manuel Bonik/Andreas Schaale: Gutenberg 3.0 – Ebook-Piraterie in Deutschland. Online einsehbar unter http://www. abuse-
search.com/Gutenberg3.0-Ebook_Piraterie_in_Deutschland.pdf
(21. 5. 2012)
336 Vgl. o. V.: Keine Trendwende im Finale (3. 5. 2012).
337 Vgl. Manuel Bonik/Andreas Schaale: Gutenberg 3.0 – Ebook-Piraterie in Deutschland. Online einsehbar unter http://www.abuse-
search. com/Gutenberg3.0-Ebook_Piraterie_in_Deutschland. pdf.
338 Vgl. Manuel Bonik/Andreas Schaale: Gutenberg 3.0 – Ebook-Piraterie in Deutschland. Online einsehbar unter http://www.abuse-
search.com/Gutenberg3.0-Ebook_Piraterie_in_Deutschland.pdf.
339 Grafik entnommen aus ebd.
340 Bei RapidShare handelt es sich um einen der größten Sharehoster
(Anbieter von raubkopierten Inhalten).
341 Vgl. Manuel Bonik/Andreas Schaale: Gutenberg 3.0 – Ebook-Piraterie in Deutschland. Online einsehbar unter http://www.abuse-
search.com/Gutenberg3.0-Ebook_Piraterie_in_Deutschland. pdf.
342 Vgl. Gesellschaft für Konsumforschung: Studie zur digitalen Content-Nutzung (DCN-Studie) 2011, S. 4. Online einsehbar unter
http://www.miz.org/artikel/2011_DCN-Studie_Presseversion.pdf
(22. 5. 2012).
343 Vgl. Michael Roesler-Graichen/Tamara Weise: Die Lücken im
System, S. 20.
344 Vgl. Gesellschaft für Konsumforschung: Studie zur digitalen Content-Nutzung (DCN-Studie) 2011, S. 6. Online einsehbar unter
http://www.miz.org/artikel/2011_DCN-Studie_Presseversion.pdf
(22. 5. 2012).
345 Vgl. ebd., S. 14 (22. 5. 2012).
346 Vgl. ebd., S. 15 (22. 5. 2012).

347 Vgl. Gesellschaft für Konsumforschung: Studie zur digitalen Content-Nutzung (DCN-Studie) 2011, S. 34. Online einsehbar unter http://www.miz.org/artikel/2011_DCN-Studie_Presseversion.pdf (22. 5. 2012).

348 Die Betreiber von kino. to wurden strafrechtlich verfolgt und die Seite existiert nicht mehr. Ihre Nachfolgerseite kinox.to ist aber momentan verfügbar.

349 Vgl. Gesellschaft für Konsumforschung: Studie zur digitalen Content-Nutzung (DCN-Studie) 2011, S. 35. Online einsehbar unter http://www.miz.org/artikel/2011_DCN-Studie_Presseversion.pdf (22. 5. 2012)

350 Vgl. ebd., S. 36.

351 Vgl. Michael Roesler-Graichen/Tamara Weise: Die Lücken im System, S. 21.

352 Vgl. ebd., S. 21.

353 Vgl. Attributor Corporation: Demand for Pirated E-Books Research (18. 5. 2012).

354 Jim Milliot: Study Finds Massive Online Book Piracy (18. 5. 2012).

355 Vgl. Attributor Corporation: Demand for Pirated E-Books Research (21. 5. 2012).

356 Vgl. ebd. (21. 5. 2012).

357 Vgl. Paul Biba: New Attributor study on pirated ebooks – of dubious value (18. 5. 2012).

358 Vgl. Attributor Corporation: The World After Megaupload (18. 5. 2012).

359 Vgl. Manuel Bonik/Andreas Schaale: Gutenberg 3.0 – Ebook-Piraterie in Deutschland. Online einsehbar unter http://www.abuse-search. com/Gutenberg3.0-Ebook_Piraterie_in_Deutschland.pdf.

360 Vgl. o. V.:»Cyberlocker«: Neues Schreckgespenst am Piraterie-Himmel Hollywoods (18. 5. 2012).

361 Vgl. Manuel Bonik/Andreas Schaale: Gutenberg 3.0 – Ebook-Piraterie in Deutschland. Online einsehbar unter http://www.abuse-search.com/Gutenberg3.0-Ebook_Piraterie_in_Deutschland.pdf.

362 Vgl. Angebot von axahome. ws auf http://avaxhome.ws/ (3. 5. 2012).

363 Vgl. Manuel Bonik/Andreas Schaale: Gutenberg 3.0 – Ebook-Piraterie in Deutschland. Online einsehbar unter http://www.abuse-search.com/Gutenberg3.0-Ebook_Piraterie_in_Deutschland.pdf.

364 Vgl. ebd.

365 Vgl. Manuel Bonik/Andreas Schaale: Gutenberg 3.0 – Ebook-Piraterie in Deutschland. Online einsehbar unter http://www.abuse-search.com/Gutenberg3.0-Ebook_Piraterie_in_Deutschland.pdf.

366 Vgl. ebd.

367 Vgl. ebd.

368 Vgl. Attributor Corporation: Demand for Pirated E-Books Research (21. 5. 2012)

369 Vgl. Manuel Bonik/Andreas Schaale: Gutenberg 3.0 – Ebook-Piraterie in Deutschland. Online einsehbar unter http://www.abuse-search.com/Gutenberg3.0-Ebook_Piraterie_in_Deutschland.pdf.

370 Vgl. Andrea Rungg: Angriff der Buchpiraten (29. 5. 2012).

371 Vgl. ebd. (29. 5. 2012)

372 STM steht für Science, Technology, Medicine.

373 Im Gegensatz zu den Anbietern illegalen Contents, die in der Studie Gutenberg 3.0 genannt wurden und ebenfalls durch die Verwendung von Asterisken unkenntlich gemacht wurden, ist es der Autorin dieser Arbeit im Fall von »L« nicht gelungen, den tatsächlichen Namen der Seite zu eruieren. Berechtigten Interessenten wird von den Autoren der Studie die URL auf Nachfrage allerdings weitergegeben.

374 Vgl. Manuel Bonik/Andreas Schaale: Piraterie im Bereich der Fachbuchverlage: Ein Blick auf die »schlimmste« Seite des Internets. Online einsehbar unter: http://abuse-search.com/Piraterie-im-Bereich-der-Fachbuchverlage.pdf (2. 6. 2012).

375 Vgl. Manuel Bonik/Andreas Schaale: Piraterie im Bereich der Fachbuchverlage: Ein Blick auf die »schlimmste« Seite des Internets. Online einsehbar unter: http://abuse-search.com/Piraterie-im-Bereich-der-Fachbuchverlage.pdf (2. 6. 2012).

376 Vgl. Andrea Rungg: Angriff der Buchpiraten (29. 5. 2012).

377 Vgl. Susanne Kraus: E-Books auf mobilen Endgeräten, S. 36.

378 Vgl. Manuel Bonik/Andreas Schaale: Gutenberg 3.0 – Ebook-Piraterie in Deutschland. Online einsehbar unter http://www.abuse-search.com/Gutenberg3.0-Ebook_Piraterie_in_Deutschland.pdf.

379 Erschienen 2005 beim Bloomsbury-Verlag (Großbritannien) und Scholastic-Verlag (USA).

380 Jan Krömer/Evrim Sen: No Copy – Die Welt der digitalen Raubkopie, S. 114.

381 Erschienen 2011 bei der St. Martin's Press.

382 Vgl. Stephenie Meyer: Kommentar zu Midnight Sun auf Ihrer Website http://www.stepheniemeyer.com/midnightsun.html (29. 5. 2012).

383 Vgl. Andrea Rungg: Angriff der Buchpiraten (15. 5. 2012).

384 Vgl. Rubrik ›Online piracy‹ auf http://www.publishers.org.uk/index.php?option=com_content&view=category&layout=blog&id=345&Itemid=1339 (2. 6. 2012).
385 Vgl. ebd.
386 Vgl. Copyight Infringement Portal der PA auf http://www.aap.copyrightinfringementportal.com (2. 6. 2012).
387 Vgl. Rubrik ›Internetpiraterie‹ auf der Website des Börsenvereins des Deutschen Buchhandels auf: http://www.boersenverein.de/de/portal/Internetpiraterie/336617 (2. 6. 2012).
388 Vgl. Michael Roesler-Graichen: Im Sog der digitalen Gratishaltung, S. 25.
389 Vgl. ebd.
390 Rubrik ›Kulturflatrate‹ auf der Website des Börsenvereins des Deutschen Buchhandels (17. 5. 2012).
391 Vgl. o. V.: Amazon plant Flatrate für elektronische Bücher (17. 5. 2012).
392 Vgl. Manuel Bonik/Andreas Schaale: Gutenberg 3.0 – Ebook-Piraterie in Deutschland. Online einsehbar unter http://www.abusesearch.com/Gutenberg3.0-Ebook_Piraterie_in_Deutschland.pdf.
393 Vgl. ebd.

7. Literaturverzeichnis

[Anon.]: Zur Buchmesse 2009: Libreka ungeschminkt. (wlstorage.net/file/libreka-ungeschminkt-2009.pdf; 18. 5. 2012)

Atemschaukel von Herta Müller auf www.amazon.de. (www.amazon.de/Atemschaukel-Herta-M%C3%Bcller/dp/3596187508/ref=sr_1_2?ie=UTF8&qid=1326637613&sr=8-2; 19. 5. 2012)

Attributor Corporation: Demand for Pirated E-Books Research. (www.pdfio.com/k-327778.html#; 20. 5. 2012)

Attributor Corporation: The World After Megaupload. What the Takedown of Big Cyberlockers Did (or Actually Didn't Do) tothe Supply of Pirated E-Books. (www.attributor.com/data/pdf/Attributor-Research-Rpt-Book-Piracy-World-Post-Megaupload201204.pdf; 21. 5. 2012)

Band, Jonathan: The Google Print Library Project: A Copyright Analysis (www.policybandwidth.com/publications/google-print.pdf; 20. 5. 2012).

Beuth, Patrick: Ein schwarzer Tag für die Befürworter von Netzsperren. (www.zeit.de/digital/internet/2012-01/sopa-pipa-blackout-protest; 20. 5. 2012).

Biba, Paul: New Attributor study on pirated ebooks – of dubious value. (www.teleread.com/copy-right/new-attributor-study-on-pirated-ebooks-of-dubious-value; 21. 5. 2012).

Biermann, Kai: USA debattieren Netzsperrgesetze. (www.zeit.de/digital/internet/2011-11/sopa-urheberrecht-usa/seite-2; 20. 5. 2012).

Bonik, Manuel und Schaale, Andreas: Gutenberg 3.0 – Ebook-Piraterie in Deutschland. Hg. v. Lisheennageeha Consulting. Headford 2011. (www.abuse-search.com/Gutenberg3.0-Ebook_Piraterie_in_Deutschland.pdf; 18. 5. 2012)

Bonik, Manuel und Schaale, Andreas: Piraterie im Bereich der Fachbuchverlage: Ein Blick auf die ›schlimmste‹ Seite des Internets. Hg. v. Lisheennageeha Consulting. Headford 2012. (abuse-search.com/Piraterie-im-Bereich-der-Fachbuch-verlage.pdf; 2. 6. 2012)

Böhringer, Stefan: eBook Essentials #2: Dateiformate unter der Lupe. (christliche-ebooks.de/component/k2/item/74-ebook-essentials-; 19. 5. 2012)

Börsenverein des Deutschen Buchhandels (Hg.): Umbruch auf dem Buchmarkt? Das E-Book in Deutschland. Präsentation zur Pressekonferenz des Börsenvereins des Deutschen Buchhandels am 14. März 2011. (boersenverein.de/ sixcms/ media.php/976/E-Book-Studie_2011.pdf; 18. 5. 2012)

Braun, Ilja: Wie Google sich um verwaiste Bücher sorgt. (www.welt.de/die-welt/article3644070/Wie-Google-sich-um-verwaiste-Buecher-sorgt.html; 20. 5. 2012)

Cronau, Sabine und Schulte, Christina: Im Auge des E-Sturms. In: Börsenblatt (2011), Heft 25, S. 18–20.

Csillag, Sandra; Föger, Benedikt und Ruiss, Gerhard: 2011: Jahr der Urheberrechte. In: Anzeiger (2011), Heft 2, S. 32–33.

Damke, Christian: Strategische Analyse neuer Technologien für die Vermarktung von Büchern. In: Michel Clement (Hg.): Ökonomie der Buchindustrie. Herausforderungen in der Buchbranche erfolgreich managen. Wiesbaden: Gabler 2009, S. 207–228.

Deutsches Urheberrechtsgesetz Gesetztestext: § 108b Unerlaubte Eingriffe in technische Schutzmaßnahmen und zur Rechtewahrnehmung erforderliche Informationen. (www.gesetze-im-internet.de/urhg/__108b.html; 19. 5. 2012)

Deriu, Claudio: Haftungsgrenzen im Urheberrecht. Täter-problem & Prüfpflicht. Wien: LexisNexis 2011.

Dresen, Rainer: Preisbindung für E-Books. (www.buchmarkt.

de/ content/34160-die-rechte-kolumne.htm; 19. 5. 2012)

Drösser, Christoph: Neues Leben für alte Bücher. (www.zeit. de/ 2011/14/C-Google-Books; 20. 5. 2012)

Eco, Umberto/Carrière, Jean-Claude: Die große Zukunft des Buches: Gespräche mit Jean-Philippe de Tonnac. München: Hanser 2010.

Ehling, Holger: Viel Hype und wenig Markt. In: Börsenblatt (2011), Heft 29, S. 16–18.

European Commission Trade: The Anti-Counterfeiting Trade Agreement (ACTA). Fact sheet. Revised January 2009. (trade. ec.europa.eu/doclib/docs/2009/january/tradoc_142039. pdf; 21. 5. 2012)

Evers, Marco/Müller, Martin U.: Die eVolution. (www.spiegel. de/spiegel/0,1518,612262,00.html; 18. 5. 2012)

Führer, Bettina: US-Gericht lehnt Google-Vergleich ab. In: Anzeiger (2011), Heft 4, S. 22.

Gesellschaft für Konsumforschung: Studie zur digitalen Content-Nutzung (DCN-Studie) 2011. (www.miz.org/arti-kel/ 2011_DCN-Studie_Presseversion.pdf; 22. 5. 2012)

Gesetztestext des Stop Online Piracy Act. (www.govtrack.us/ congress/bills/112/hr3261/text; 20. 5. 2012)

Golla, Christoph: Das ACTA-Abkommen. Schärfere Regeln bei der Durchsetzung von Immaterialgüterrechten. In: DFN-Infobrief Recht, Mai 2010, S. 4–5. (www.dfn.de/fileadmin/ 3Beratung/Recht/1infobriefearchiv/DFN_Infobrief_05_10. pdf; 20. 5. 2012)

Günnewig, Dirk: Architecture is Policy! Politische Steuerung durch Technik in digitalen Informations- und Kommuni-kationsnetzwerken am Beispiel des Einsatzes von Digital Rights Management-Systemen. In: Österreichische Zeit-schrift für Politikwissenschaft 33 (2004), Heft 4, S. 409–422.

Haupt, Johannes: Nur 32 eBook-Verkäufe in 09/09? (www.lesen.net/diskurse/libreka-nur-32-ebook-verkaeufe-im-september-1321; 18. 5. 2012)

Hauptverband des Österreichischen Buchhandels (Hg.): Umfrage zum E-Book-Angebot in österreichischen Verlagen durchgeführt vom österreichischen Verlegerverband im Juli und August 2011.

Heigenhauser, Clemens: Zur Strafbarkeit der Musik-, Video- und Softwarepiraterie. Eine Untersuchung einschlägiger Straftatbestände im UrhG, Markenschutzgesetz und StGB. Wien/Graz: Neuer Wissenschaftlicher Verlag 2007.

Huemer, Kathrin: Die Zukunft des Buchmarkts. Die Reaktion des (herstellenden) Buchhandels auf das digitale Zeitalter. Diplomarbeit. Wien: 2010.

Indvik, Lauren: Ebook Sales Expected to Reach $ 9,7 Billion by 2016. (mashable.com/2011/12/01/ebook-sales-10-billion-2016; 18. 5. 2012)

International Federation of the Phonographic Industry: Digital Music Report 2012. (www.ifpi.org/content/library/DMR2012.pdf; 21. 5. 2012)

Kivelip, Lucy:»Libreka muss unabhängig bleiben«. (www.buchreport.de/nachrichten/online/online_nachricht/datum/2011/07/21/libreka-muss-unabhaengig-bleiben.htm; 18. 5. 2012)

Kirchner + Robrecht management consultants: eBooks und eReader: Marktpotenziale in Deutschland. Frankfurt/M./Berlin 2009. (www.kirchner-robrecht.de/index.php?id=437&file=0A9B0&no_cache=0&uid=1; 18. 5. 2012)

Jaburek, W.J., Blaha R.: Copyright und Internet. In: e&i (Elektrotechnik und Informationstechnik) 120 (2003), Heft 7/8, S. 220–229.

Klett, Alexander: Urheberrecht im Internet aus deutscher und amerikanischer Sicht. Baden-Baden: Nomos 1998.

5555

Klopp, Tina: Studie über Kino.to-Nutzer bleibt unter Verschluss. (www.zeit.de/digital/internet/2011-07/gfk-studie-downloads; 21. 5. 2012)

Knoke, Felix: Erste Senatoren knicken nach Web-Protest ein. (www.spiegel.de/netzwelt/netzpolitik/0,1518,810010,00.html; 20. 5. 2012)

Knowledge Base Law: Copyright. Was sind die wichtigsten internationalen Quellen des Urheberrechts. (kb-law.info/wt_dev/kbc.php?article=102&land=AT&lang=DE&mode=; 20. 5. 2012)

Kollbach, Thomas: Seiteneffekte des Digital Millennium Copyright Act. Ursachen und Folgen einer Lex Hollywood. (thomas.kollba.ch/files/hausarbeiten/chilling_effects.pdf; 20. 5. 2012)

Krömer, Jan und Sen, Evrim: No Copy – Die Welt der digitalen Raubkopie. Leipzig: Tropen 2007. (www.no-copy.org/index.php; 21. 5. 2012)

Kucsko, Guido: Österreichisches und europäisches Urheberrecht. Einführung und Textsammlung. Wien: Manz 1996.

Kucsko, Guido [Hrsg.]: urheber.recht. Systematischer Kommentar zum Urheberrechtsgesetz. Wien: Manz 2008.

Kühl, Eike: Des E-Books stolzer Preis. (www.zeit.de/digital/mobil/2010-09/ebooks-preisbindung-ereader; 19. 5. 2012)

Kraus, Susanne: E-Books auf mobilen Endgeräten. Eine Studie zum deutschen E-Reader-Markt und den darin vorkommenden Nutzerbedürfnissen am Beispiel einer Zielgruppenbefragung. In: Rautenberg, Ursula und Titel, Volker (Hg.): Alles Buch. Studien der Erlanger Buchwissenschaft. Universität Erlangen-Nürnberg, XLI, 2011. (www.alles-buch.uni-erlangen.de/Kraus.pdf; 18. 5. 2012)

Lessig, Lawrence: The Future of Ideas. The Fate of the Commons in a Connected World. New York: Random House 2001.

Lischka, Konrad: Darum floppt das E-Book-Portal des Buchhandels. (www.spiegel.de/netzwelt/web/0,1518,613158,00.html; 18. 5. 2012)

Lischka, Konrad und Reißmann, Ole: Das steckt hinter dem Acta-Streit. (www.spiegel.de/netzwelt/netzpolitik/copyright-abkommen-das-steckt-hinter-dem-acta-streit-a-815011.html; 20. 5. 2012)

Lobo, Sascha: Acta und die Politik des Abgrunds. (www.spiegel.de/netzwelt/netzpolitik/0,1518,815155,00.html; 21. 5. 2012)

Lobo, Sascha: Verzweiflung macht aggressiv. (www.spiegel.de/netzwelt/netzpolitik/0,1518,812381,00.html; 21. 5. 2012)

Lucke, Bettina: Die Google Buchsuche nach deutschem Urheberrecht und US-amerikanischem Copyright Law. Frankfurt am Main: Peter Lang 2010.

Magdans, Frank: Leuchtstreifen und gedruckte Hyperlinks. In: Börsenblatt (2011), Heft 36, S. 46.

Magid, Larry: What Are SOPA and PIPA And Why All The Fuss? (www.forbes.com/sites/larrymagid/2012/01/18/what-are-sopa-and-pipa-and-why-all-the-fuss; 20. 5. 2012)

Mann, Erika: Ein Trauerspiel namens Acta. (www.zeit.de/digital/internet/2010-03/acta-europa-fail; 21. 5. 2012)

Matrisch, Uwe: Praktische Aspekte der eBook-Produktion. (bmb.htwk-leipzig.de/de/branche/im-fokus/archiv/praktische-aspekte-der-ebook-produktion; 19. 5. 2012)

Meyer, Stephenie: Kommentar zu Midnight Sun auf Ihrer Website. (www.stepheniemeyer.com/midnightsun.html; 29. 5. 2012)

Milliot, Jim: Study Finds Massive Online Book Piracy. (www.publishersweekly.com/pw/print/20100118/41649-study-finds-massive-online-book-piracy.html; 21. 5. 2012)

Mittenzwei, Julius: Kopierschutz ohne Zukunft? (www.boersenblatt.net/342756; 19. 5. 2012)

Newman, Jared: SOPA and PIPA: Just the Facts.(www.pcworld.
com/article/248298/sopa_and_pipa_just_the_facts.html;
20. 5. 2012)

Page, Benedicte: New York judge rules against Google books
settlement.(www.guardian.co.uk/books/2011/mar/23/
google-books-settlement-ruling; 20. 5. 2012)

Patalong, Frank: Schuss in den eigenen Fuß. (www.spiegel.de/
netzwelt/web/0,1518,674757,00.html; 18. 5. 2012)

PricewaterhouseCoopers (PwC) [Hrsg.]: E-Books in Deutschland. Der Beginn einer neuen Gutenberg-Ära? (www.pwc.
de/de_DE/de/technologie-medien-und-telekommunikati-
on/assets/E-books_in_Deutschland_-_Beginn_einer_neu-
en_Gutenberg-Aera.pdf; 19. 5. 2012)

Profanter, Gregor:»Going digital!«. Der Einfluss von E-books
und Social media auf den traditionellen Verlag und Buchhandel. Diplomarbeit, Wien 2011.

Publishers Association: Copyright Infringement Portal.(www.
aap.copyrightinfringementportal.com; 2. 6. 2012)

Rabus, Silke: Digitaler Spielplatz. In: Anzeiger (2011), Heft 2, S. 29.

Rat der Europäischen Union:ACTA-Gesetzestext in deutscher
Übersetzung. (register.consilium.europa.eu/pdf/de/11/st12/
st12196.de11.pdf; 21. 5. 2012)

Roesler-Graichen, Michael: Der Autor bestimmt die Spielregeln. In: Börsenblatt (2011), Heft 13, S. 16–18.

Roesler-Graichen, Michael: Dynamisch sind nur die Anbieter.
In: Börsenblatt (2011), Heft 36, S. 50–53.

Roesler-Graichen, Michael: Harry Google. In: Börsenblatt
(2011), Heft 30, S. 10.

Roesler-Graichen, Michael: Harry Potter an der digitalen
Leine. In: Börsenblatt (2011), Heft 33, S. 16–18.

Roesler-Graichen, Michael: Im Sog der digitalen Gratishaltung.
In: Börsenblatt (2011), Heft 38, S. 24–25.

Roesler-Graichen, Michael: Mit Vorsicht zu genießen. In: Börsenblatt (2011), Heft 6, S. 20.

Roesler-Graichen, Michael: Preisbindung mit großen Lücken. In: Börsenblatt (2011), Heft 8, S. 25.

Roesler-Graichen, Michael: Reader stimulieren die E-Book-Verkäufe. In: Börsenblatt (2011), Heft 18, S. 22.

Roesler-Graichen, Michael und Weise, Tamara: Die Lücken im System. In: Börsenblatt (2011), Heft 35, S. 20–21.

Rubrik ›Internetpiraterie‹ auf der Website des Börsenvereins des Deutschen Buchhandels. URL: http://www.boersenverein.de/de/portal/Internetpiraterie/336617; 2. 6. 2012)

Rubrik »Kulturflatrate« auf der Website des Börsenvereins des Deutschen Buchhandels. (www.boersenverein.de/de/ 336624; 21. 5. 2012)

Rubrik ›Online piracy‹ auf der Website der Publisher's Association. (www.publishers.org.uk/index.php?option= com_content&view=category&layout=blog&id=345&Itemid=1339; 29. 5. 2012)

Rubrik ›Über libreka!‹ auf der Website des Unternehmens. (www.libreka.de/help#information; 18. 5. 2012)

Rungg, Andrea: Angriff der Buchpiraten. (www.stern.de/digital/homeentertainment/illegale-tauschboersen-angriff-der-buchpiraten-1514330.html; 29. 5. 2012)

Sabel, Raphaela: »Der Inhalt, das bin ich«. In: Börsenblatt (2011), Heft 26, S. 12.

Scheele, Jürgen und Meyer-Lucht, Robin: Libreka!: Der E-Book-Flopp des Börsenvereins. (carta.info/16434/libreka-der-e-book-flopp-des-boersenvereins; 19. 5. 2012)

Schild, Ronald: Piraten lieben DRM. (www.boersenblatt.net/ 327651; 19. 5. 2012)

Schütz, Manfred: E-Book-Formate in der Übersicht. Von ePUB bis PDF. (suite101.de/article/ebookformate-in-der-uebersicht-a58084; 19. 5. 2012)

Schwanenberg, Jennifer und Artmann, Andreas: iPad, E-Book, EPUB: Bücher im digitalen Vertrieb. (fb03.h-bonn-rheinsieg.de/emtmedia/Downloads/Projekte/Dossier+E_Book+_+iPad_+E_Book_+EPUB+_+B%C3%BCcher+im+digitalen+Vertrieb.pdf; 19. 5. 2012)

Schwietert, Sabine und Weise, Tamara: Lieber E-Books als Raubkopien. In: Börsenblatt (2011), Heft 8, S. 35.

Selbstdarstellung der Buch.de Internetstores AG. (ag.buch.de/ag/index.php?docID=4; 18. 5. 2012)

Selbstdarstellung von Libreka! auf der Unternehmenswebsite. (www.mvb-online.de/buchhaendler/so-erleichtern-wir-ihren-alltag/libreka/libreka.html; 18. 5. 2012)

Skipis, Alexander: Lokal und digital. In: Börsenblatt (2011), Heft 15, S. 15.

Sporkin, Andi: New. U.S. Copyright Industries Report Captures Impact on U.S. Economy, Jobs and Global Reach.(www.publishers.org/press/50; 22. 5. 2012)

Steier, Henning: Musikindustrie soll kein Vorbild sein. (www.nzz.ch/nachrichten/digital/ex_libris_ebooks_1.10932610.html; 19. 5. 2012)

Stellungnahme des Börsenvereins des Deutschen Buchhandles zur Preisbindung von E-Books. URL: http://www.boersenverein.de/sixcms/media.php/976/Preisbindung_von_E-Books_Stellungnahme_des_Vorstands.pdf; 19. 5. 2012)

Stöcker, Christian: Fünf Gründe für den Netz-Streik. (www.spiegel.de/netzwelt/netzpolitik/0,1518,809842-2,00.html; 20. 5. 2012)

Toyfl, Markus: Auf der Suche nach E-Books. In: Anzeiger (2011), Heft 8, S. 25.

Toyfl, Markus: Der E-Book-Markt. In: Anzeiger (2011), Heft 4, S. 24.

Toyfl, Markus: Der globale Tablet- und E-Reader-Markt. In: Anzeiger (2011), Heft 2, S. 28.

Toyfl, Markus: Die Evolution des E-Books beginnt erst. In: Anzeiger (2011), Heft 2, S. 26–27.

Toyfl, Markus: E-Book-Produktion in Österreich. In: Anzeiger (2011), Heft 9, S. 26.

Toyfl, Markus: PagePlace. In: Anzeiger (2011), Heft 5, S. 20.

Toyfl, Markus: Vortrag zum Thema E-Books im Hauptverband des Österreichischen Buchhandels. Wien, 15. 11. 2011.

United States Copyright Law § 102.Subject matter of copyright: In general. (law.copyrightdata.com/index.php#102; 7. 7. 2012)

United States Copyright Law§ 1201.Circumvention of copyright protection systems. (http://law.copyrightdata.com/index.php#1201; 19. 5. 2012)

United States Copyright Law§ 1204.Criminal offenses and penalties. (http://law.copyrightdata.com/index.php#1204; 19. 5. 2012)

United States District Court: Court Order Rejecting Google Books Settlement. (www.scribd.com/doc/51327711/google-books-settlement; 7. 7. 2012)

Vise, David A. und Malseed, Mark: Die Google-Story. Hamburg: Murmann 2006.

Weise, Tamara: Das große Rad drehen. In: Börsenblatt (2011), Heft 17, S. 14–16.

Wilking, Robert: »Die Branche will VlB und Libreka«.(www.buchreport.de/nachrichten/nachrichten_detail/datum/2009/10/14/die-branche-will-vlb-und-libreka.htm?no_cache=1&cHash=6c77c31333; 18. 5. 2012)

Zarzer, Brigitte: Amerikanisches Urheberrecht künftig auch in Österreich? (www.heise.de/tp/artikel/13/13379/1.html; 20. 5. 2012)

Zusammenfassungen der EU-Gesetzgebung:Beitritt zu den WIPO-Verträgen. (europa.eu/legislation_summaries/in-

ternal_market/businesses/intellectual_property/l26054_
de.htm; 20. 5. 2012)

Zusammenfassung der EU-Gesetzgebung:Urheberrecht und
verwandte Schutzrechte: Schutzdauer. (europa.eu/legisla-
tion_summaries/internal_market/businesses/intellectu-
al_property/l26032_de.htm; 19. 5. 2012)

o. V.: Amazon löscht digitale Exemplare von »1984«. (www.
spiegel.de/netzwelt/web/0,1518,637076,00.html; 19. 5. 2012)

o. V.: Amazon plant Flatrate für elektronische Bücher. (www.
nzz.ch/nachrichten/digital/amazon_plant_netflix_fuer_
ebooks_1.12455047.html; 21. 5. 2012)

o. V.: Amazons Preisgrenze für E-Books wackelt. (www.zeit.
de/digital/mobil/2010-02/amazon-macmillan-ebooks; 19.
5. 2012)

o. V.: »Cyperlocker«: Neues Schreckgespenst am Piraterie-
Himmel Hollywoods. (derstandard.at/1276413825767/
Copyright-Cyberlocker-Neues-Schreckgespenst-am-
Piraterie-Himmel-Hollywoods; 21. 5. 2012)

o. V.: Das Google Book Settlement im Überblick. In: Anzeiger.
(2011), Heft 4, S. 22–23.

o. V.: Das Schutzrecht der Kreativen. In: Börsenblatt (2011),
Heft 23, S. 42–45.

o. V.: Der Leser soll gläsern sein. (www.zeit.de/kultur/litera-
tur/2012-01/readmill/seite-1; 18. 5. 2012)

o. V.: Der Rowling-Google-Deal. In: Börsenblatt (2011), Heft
30, S. 9.

o. V.: »Download-Days übertreffen die Erwartungen«. (www.
boersenblatt.net/342790; 18. 5. 2012)

o. V.:E-Reader liegen vor Tablets. In: Börsenblatt (2011), Heft
27, S. 13.

o. V.: Formate, e-book Formate in der Übersicht, ePUB, PDF und
Mobipocket. (www.eu-media222.com/formate.pdf; 19. 5. 2012)

o. V.: Hahn zugedreht. In: Börsenblatt (2011), Heft 25, S. 11.

o. V.: Initialzündung für den E-Book-Verkauf. In: Anzeiger. (2011), Heft 6, S. 4.

o. V.: Kampfpreise bei Amazon. In: Börsenblatt (2011), Heft 40, S. 11.

o. V.: Keine Trendwende im Finale. (www.buchreport.de/nachrichten/handel/handel_nachricht/datum/2011/01/05/keine-trendwende-im-finale.htm; 21. 5. 2012)

o. V.:»libreka! als Chance erkennen«. In: Börsenblatt (2011), Heft 15, S. 20–21.

o. V.: libreka! mit eigener Website in Österreich (boersenblatt. net). (www.boersenblatt.net/462157; 18. 5. 2012)

o. V.: libreka! mit eigener Website in Österreich. (www.buecher. at/show_content.php?sid=124&detail_id=5056; 19. 5. 2012)

o. V.: libreka! unterstützt ab sofort auch »harten« Kopierschutz. (www.boersenblatt.net/325607; 19. 5. 2012)

o. V.: Mehr Handlungsfreiheit. In: Börsenblatt (2011), Heft 5, 2011, S. 9.

o. V.: Mit ACTA erhält Musikindustrie die Vorratsdaten. (diepresse.com/home/techscience/internet/744961/Mit-ACTA-erhaelt-Musikindustrie-die-Vorratsdaten; 21. 5. 2012)

o. V.: Online-Protest stoppt US-Antipiraterie-Gesetz. (derstandard.at/1326503371856/Protect-IP-Act-Online-Protest-stoppt-US-Antipiraterie-Gesetz (20.5.2012)

o. V.: Pottermore-Shop öffnet erst 2012. (www.boersenblatt. net/457834; 18. 5. 2012)

o. V.: Rowlings Hogwarts-Buchexpress. In: Börsenblatt (2011), Heft 26, S. 9.

o. V.: Telekom lässt libreka! liefern. In: Börsenblatt (2011), Heft 9, S. 11.

o. V.: Was dürfen E-Books kosten? Teil 1: Differenz zum Printpreis und Gratis-Angebote. (www.boersenblatt.net/347841; 18. 5. 2012)

o. V.: Was dürfen E-Books kosten? Teil 2: Amazon und die Zukunft. (www.boersenblatt.net/347947; 19. 5. 2012)

o. V.: Was ist SOPA/PIPA? (www.wiesoweshalbwarum.org/was-ist-sopa-pipa/3674; 20. 5. 2012)

Abbildungsverzeichnis

Abbildung 1: Der E-Book-Markt europäischer Länder im Vergleich
Daten entnommen aus Holger Ehling: Viel Hype und wenig
Markt. In: Börsenblatt (2011), Heft 29, S. 16–18.

Abbildung 2: Die Top 10 der deutschen E-Book-Plattformen
Daten entnommen aus der grafischen Darstellung in Tamara
Weise: Das große Rad drehen. In: Börsenblatt (2011), Heft
17, S. 14–16. Online unter http://www.kirchner-robrecht.
de/fileadmin/kirchner_robrecht/downloads/Presse_I_
Downloads/BBL_2011_17_014-016-Amazon.pdf; 18. 5. 2012)

Abbildung 3: Verfügbare Titel auf deutschen E-Book-Plattformen
Daten entnommen aus Michael Roesler-Graichen:
Dynamisch sind nur die Anbieter. In: Börsenblatt (2011), Heft
36, S. 50–53.

Abbildung 4: SOPA-Netzsperre
Bildquelle: http://cdn.wiesoweshalbwarum.org/wp-content/
uploads/2012/01/SOPA_blockade.jpg; 20. 5. 2012

*Abbildung 5: Häufigste Suchanfragen für den Begriff »ebook« (in
Prozent)*
Grafik entnommen aus Manuel Bonik/Andreas Schaale:
Gutenberg 3.0 – Ebook-Piraterie in Deutschland. Online
unter http://www.abuse-search.com/Gutenberg3.0-Ebook_
Piraterie_ in_Deutschland.pdf; 28. 5. 2012

Abbildung 6: Robotic Book Scanner von Qidenus Technologies
Bildquelle: http://donar.messe.de/exhibitor/cebit/2012/
Y421581/produktbild-600x600-45604.jpg; 21. 5. 2012

Abbildung 7: Book Saver von ION Audio
Bildquelle: http://i1-news.softpedia-static.com/images/
news2/Digitize-Your-Own-Books-with-the-Book-Saver-Book-
Scanner-from-lON-Audio-2.jpg; 21. 5. 2012

Die Autorin

Melina Tsiamos, geboren 1987 in Wien, studierte Vergleichende Literaturwissenschaft und Anglistik an der Universität Wien. Berufliche Stationen im Verlagswesen und Marketing in Österreich und den Philippinen. Seit ihrem Studienabschluss arbeitet sie im Bereich IT-Marketing und -Kommunikation.

danzig & unfried
www.danzigunfried.com

www.ingramcontent.com/pod-product-compliance
Lightning Source LLC
Chambersburg PA
CBHW031137270326

41929CB00011B/1666